Build It!

Make Supercool Models with Your LEGO® Classic Set

VOLUME 2

Jennifer Kemmeter

GRAPHIC ARTS
BOOKS®

Contents

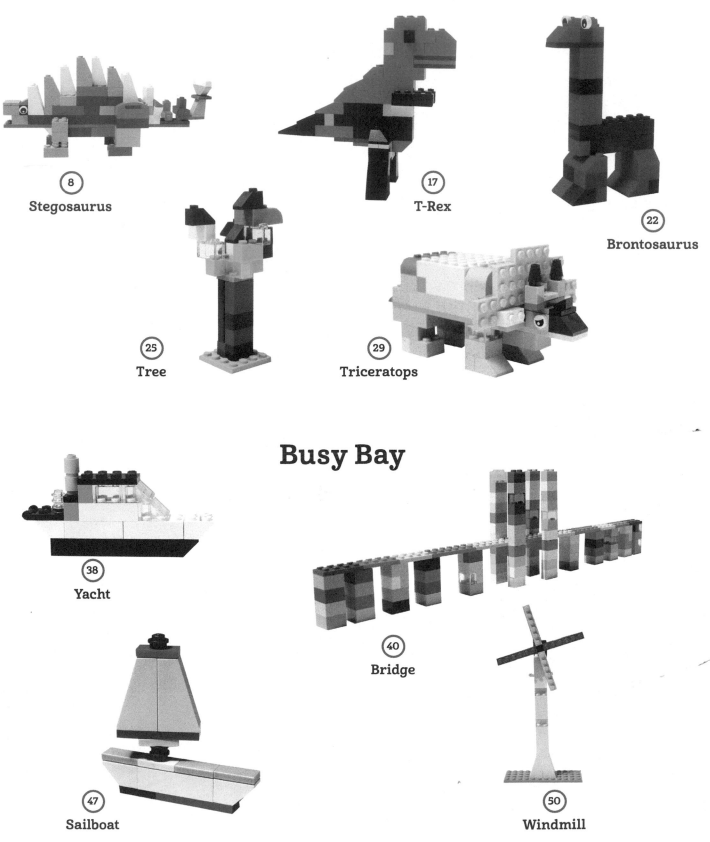

Desert Scene

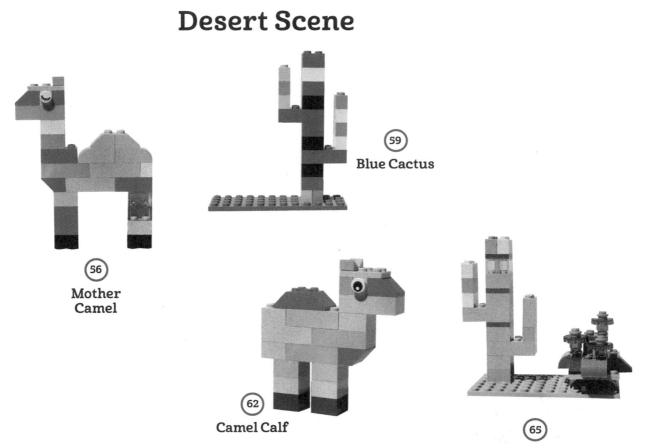

(56)
Mother Camel

(59)
Blue Cactus

(62)
Camel Calf

(65)
**Green Cactus &
Blooming Cacti**

Seaside Cityscape

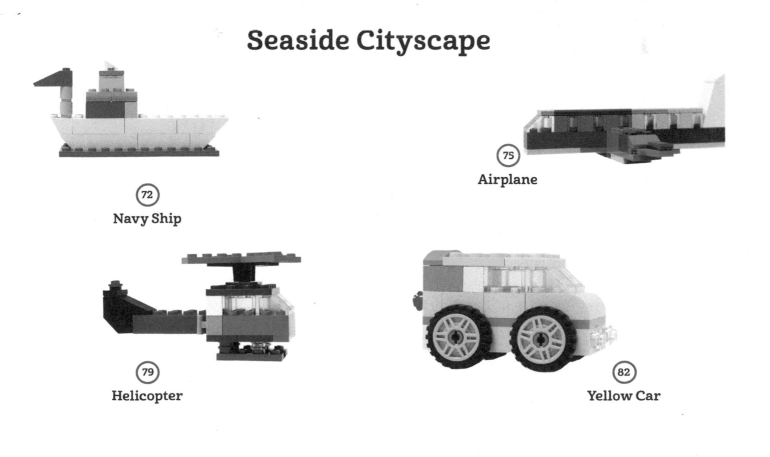

(72)
Navy Ship

(75)
Airplane

(79)
Helicopter

(82)
Yellow Car

How to Use This Book

What you will be building.

A photo of what your finished brontosaurus will look like.

Build a Brontosaurus

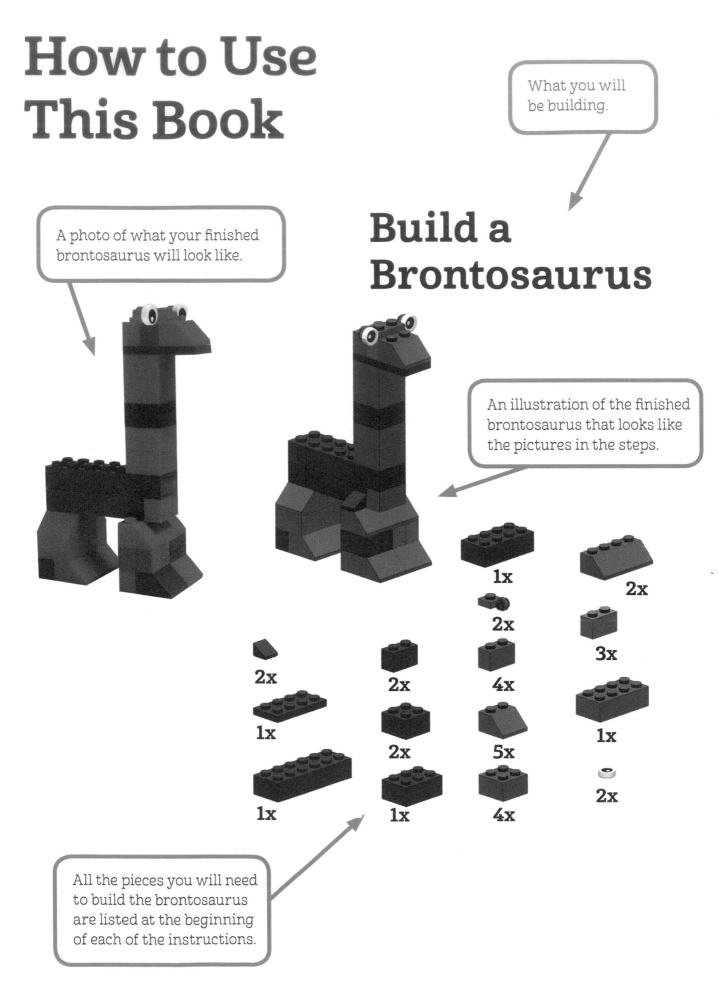

An illustration of the finished brontosaurus that looks like the pictures in the steps.

1x

2x

2x

3x

2x

2x

4x

1x

2x

5x

1x

1x

2x

4x

2x

All the pieces you will need to build the brontosaurus are listed at the beginning of each of the instructions.

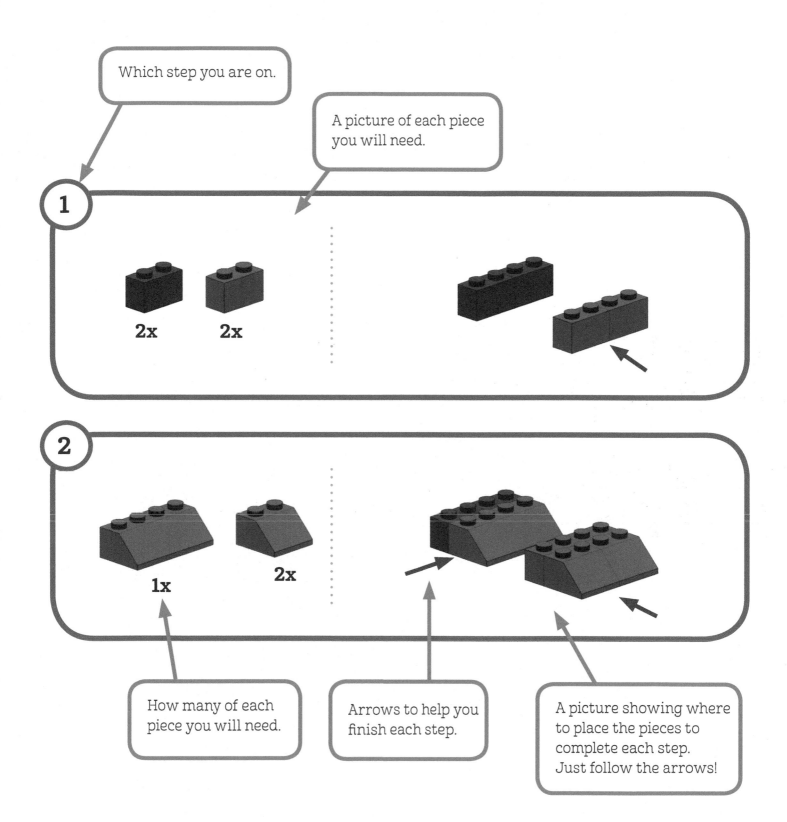

Which step you are on.

A picture of each piece you will need.

1

2x　　**2x**

2

1x　　**2x**

How many of each piece you will need.

Arrows to help you finish each step.

A picture showing where to place the pieces to complete each step. Just follow the arrows!

Prehistoric Land

Triceratops

T-Rex

Tree

Brontosaurus

Stegosaurus

Build a Stegosaurus

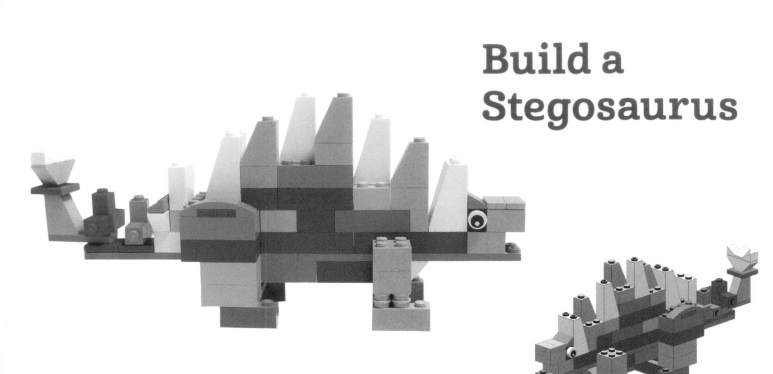

2x

2x

4x

3x

2x

2x

2x

2x

4x

2x

1x

2x

1x

4x

1x

2x

2x

3x

3x

4x

2x

4x

2x

1x

4x

2x

2x

1x

4x

4x

5x

2x

2x

3x

2x

1x

1x

2x

1x

2x

1x

2x

8

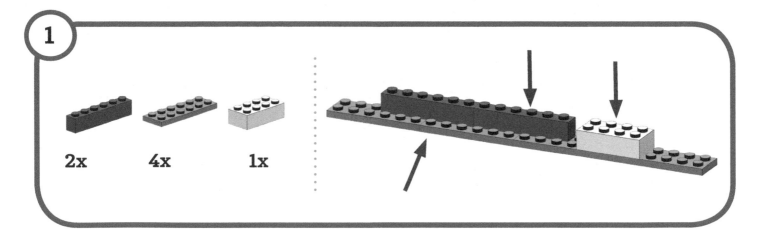

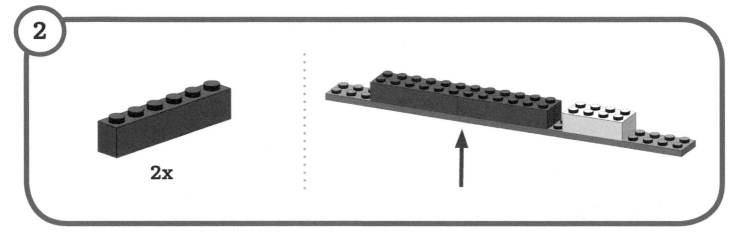

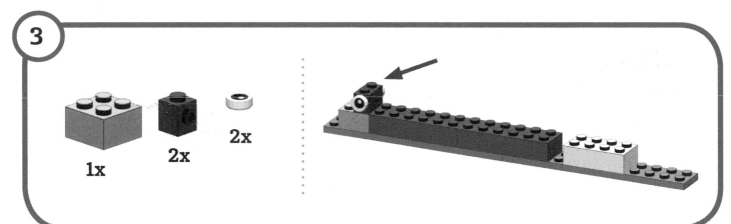

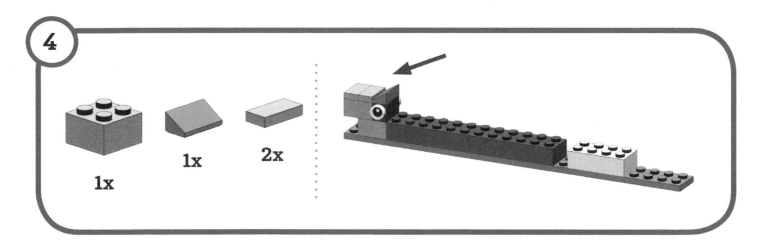

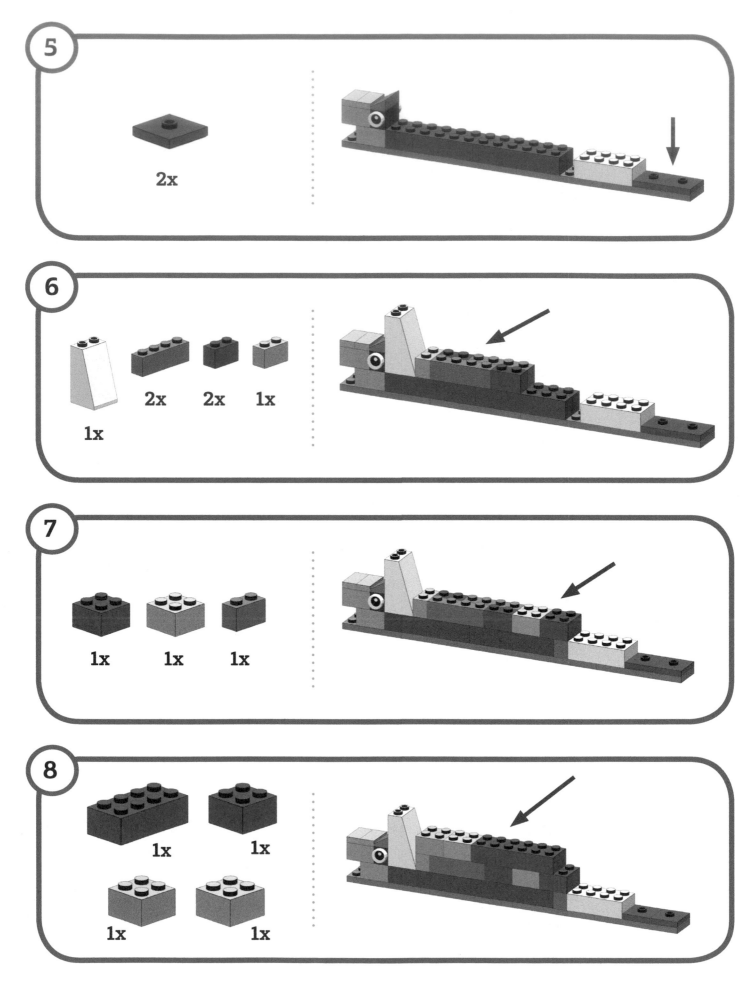

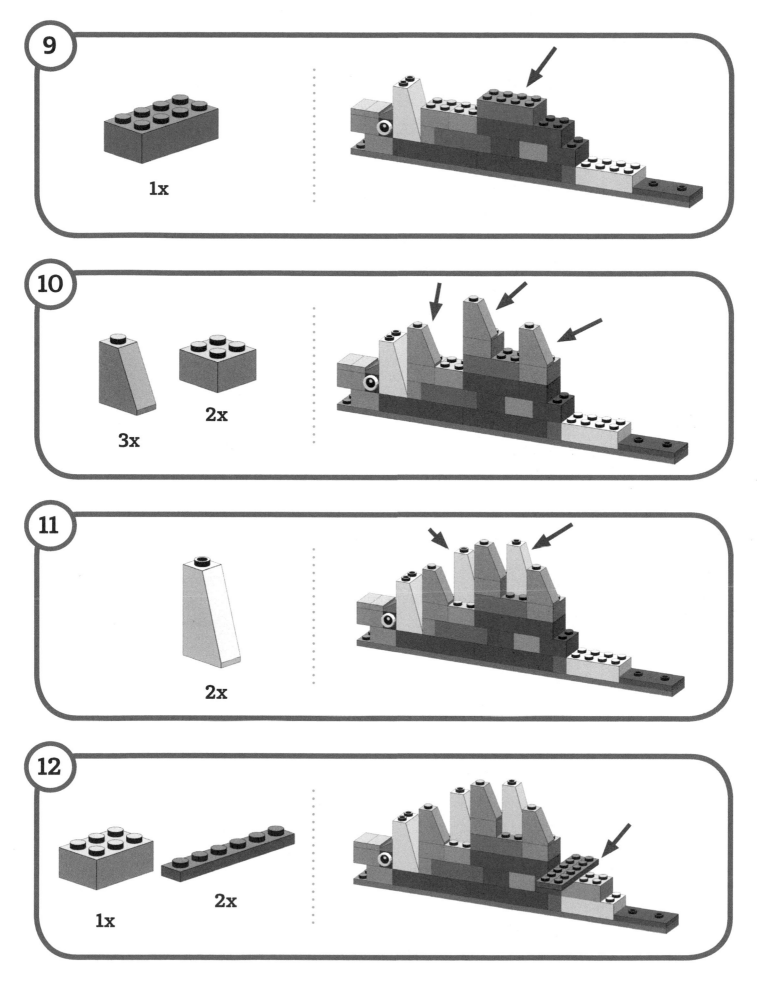

13

1x 1x
1x 2x

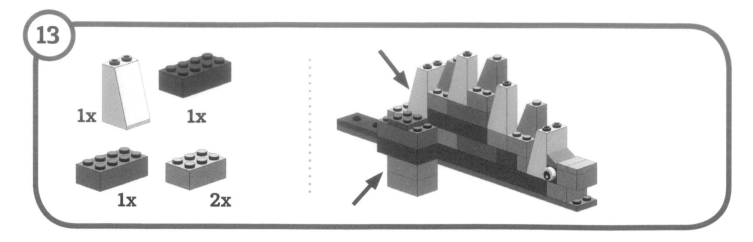

14

1x 1x
2x

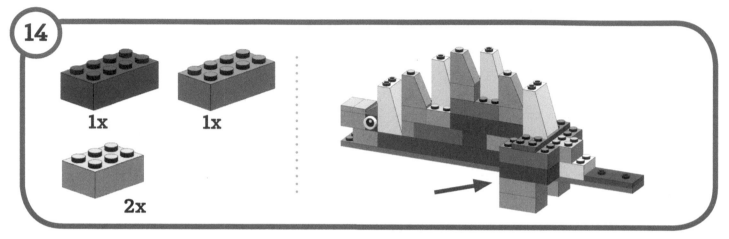

15

1x 1x 1x

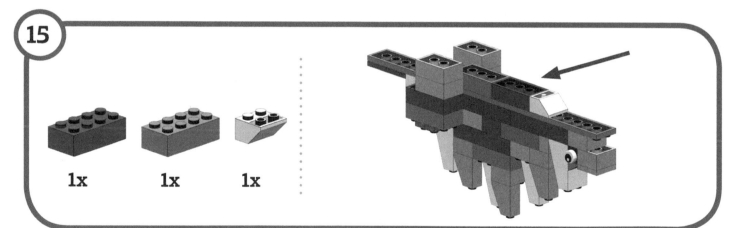

16

2x

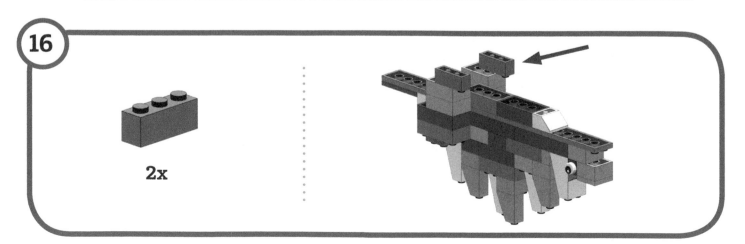

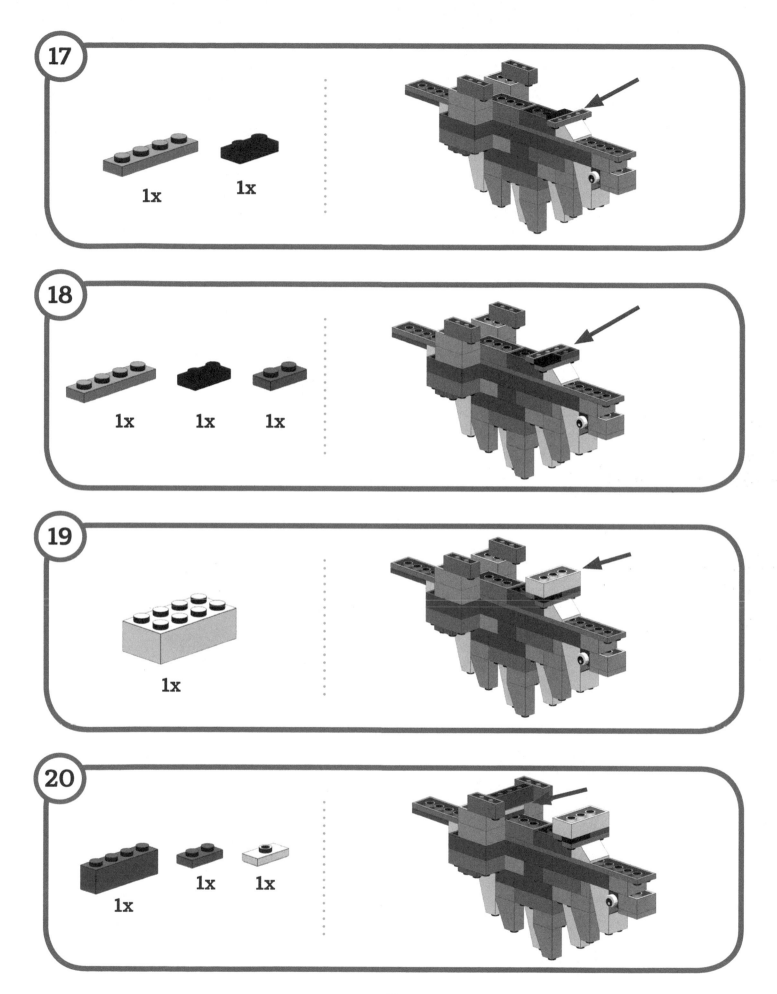

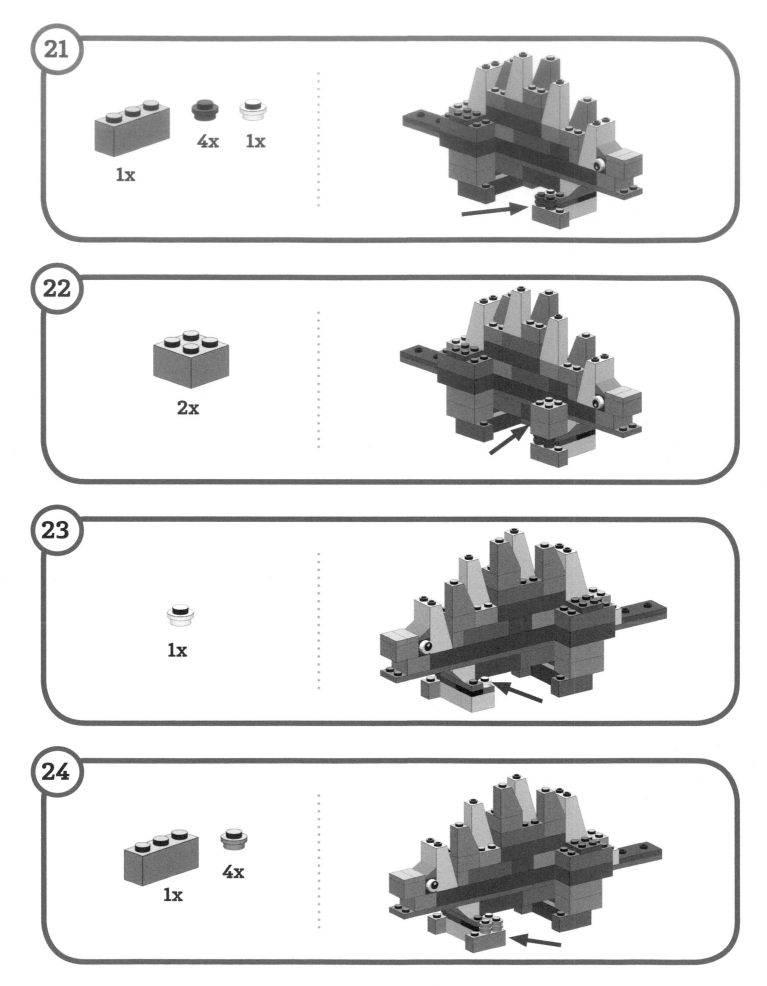

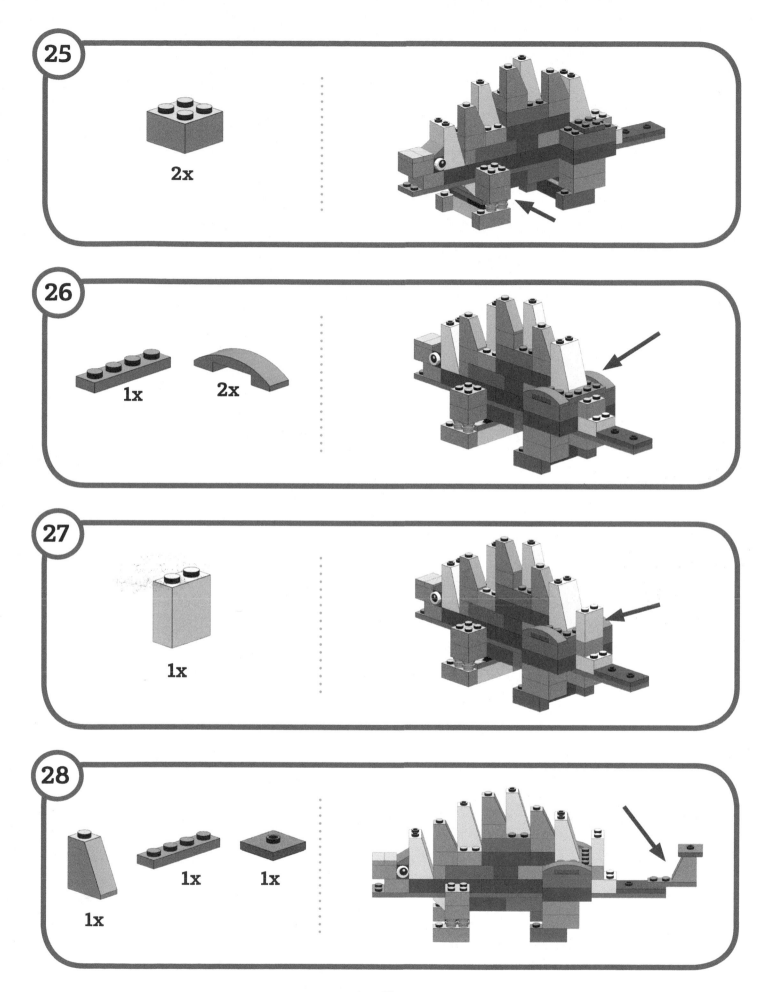

25 2x

26 1x 2x

27 1x

28 1x 1x 1x

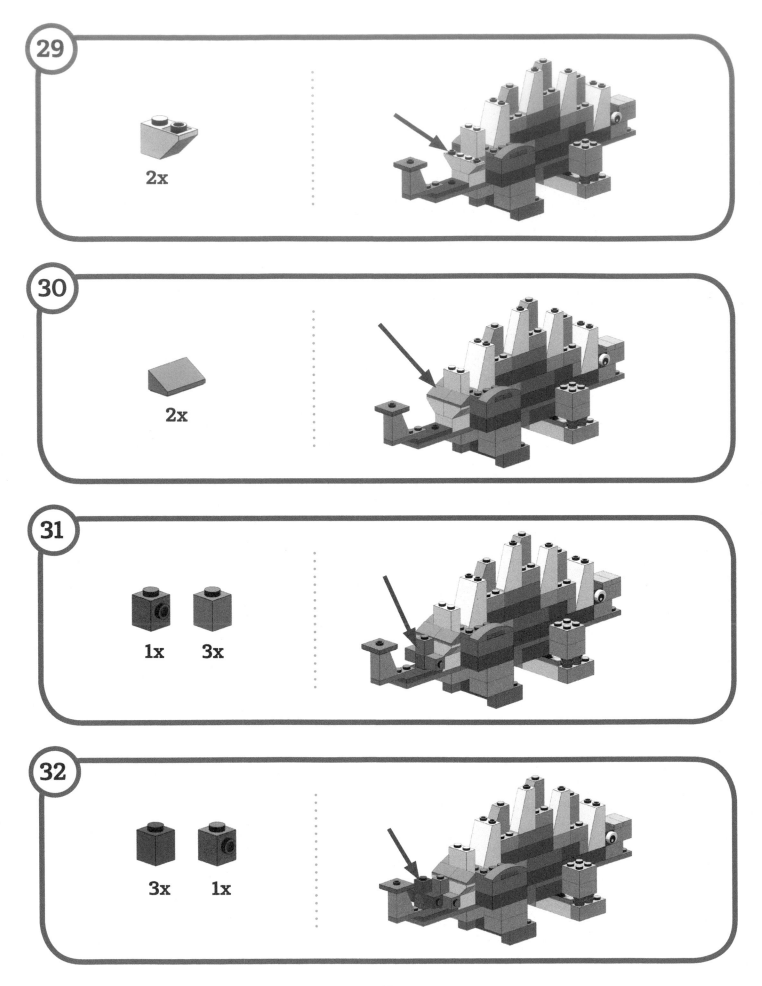

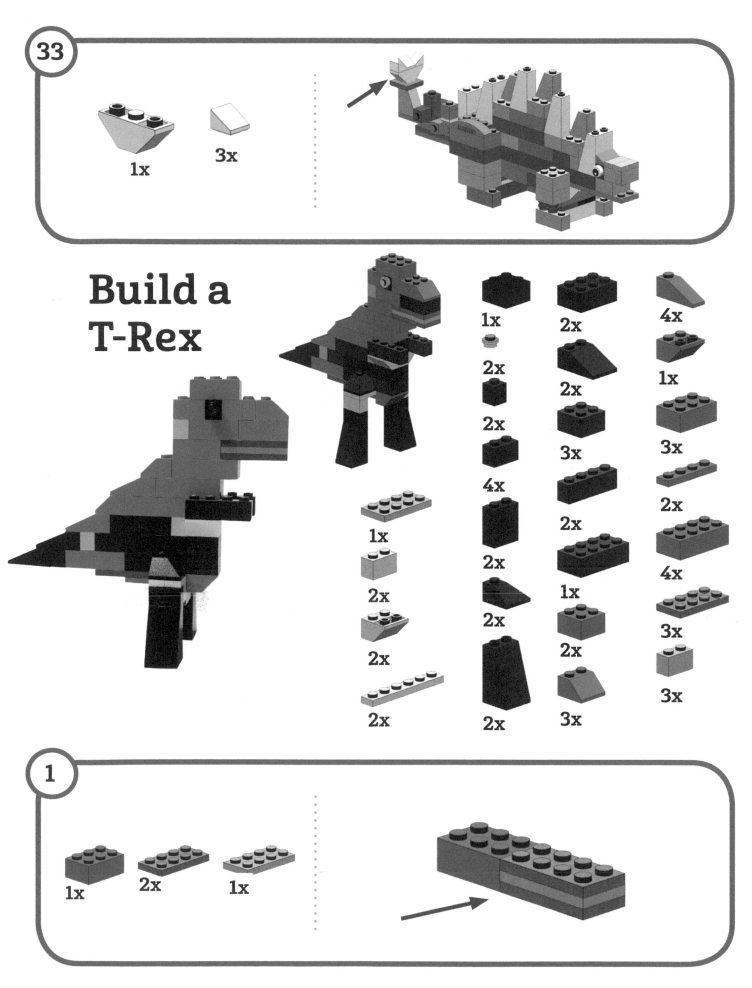

33

1x   3x

Build a
T-Rex

1x   2x   4x

2x   2x   1x

2x   2x   3x

1x   4x   2x   3x

2x   2x   2x

2x   2x   4x

2x   1x

2x   1x   3x

2x   2x   2x   3x

1

1x   2x   1x

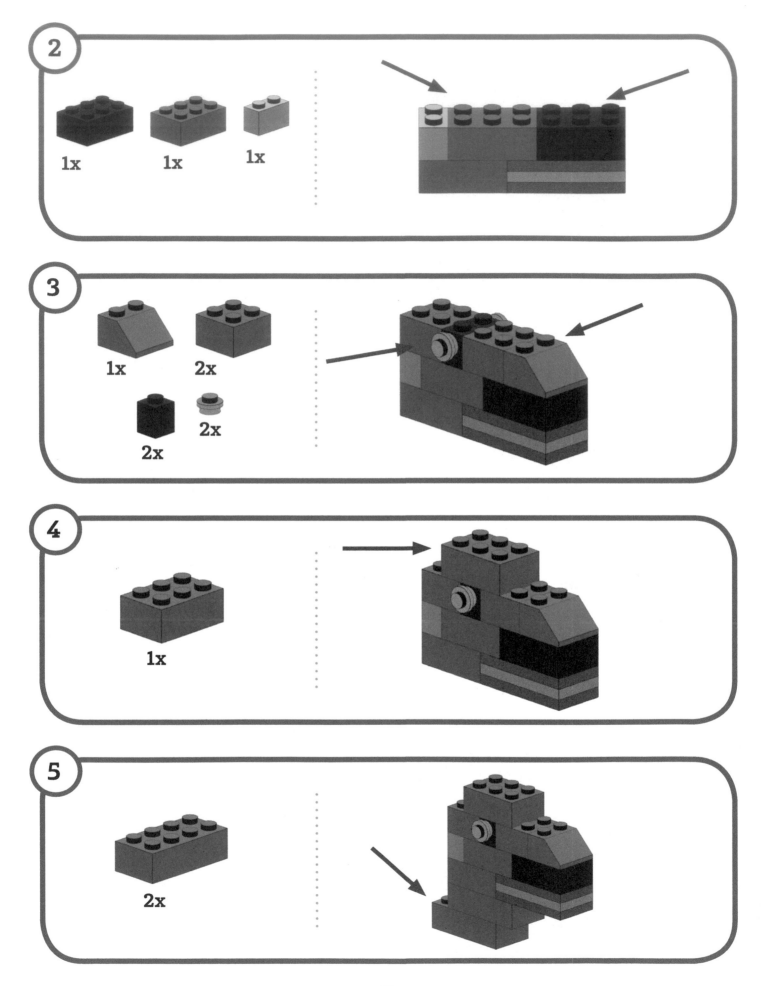

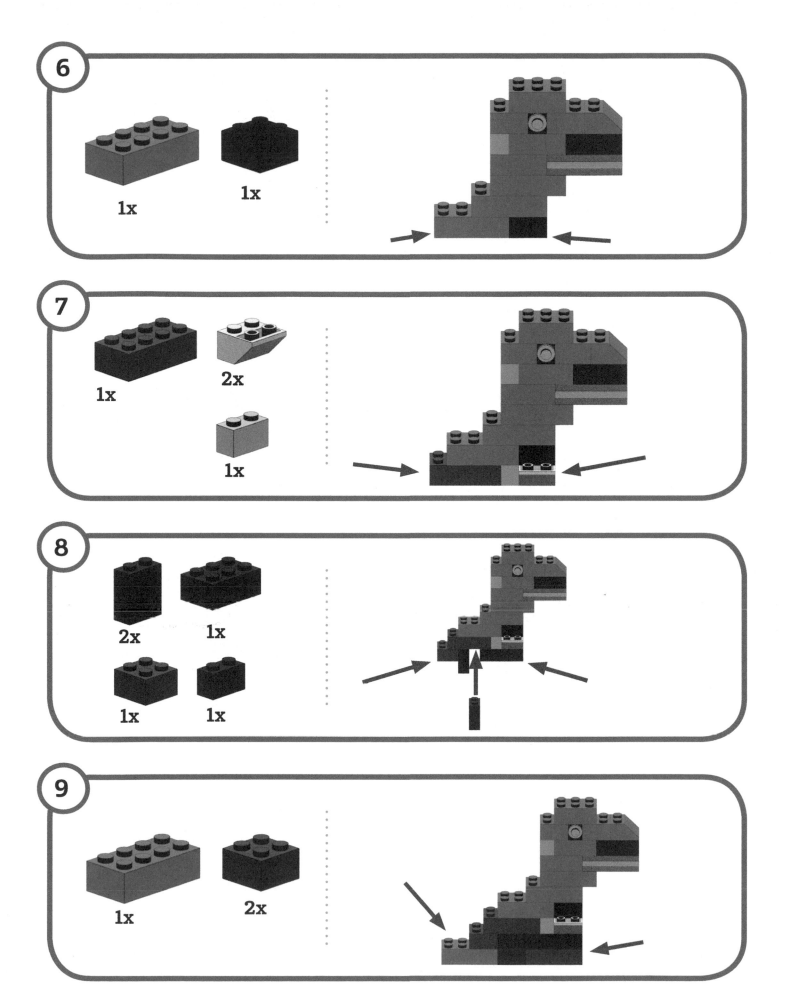

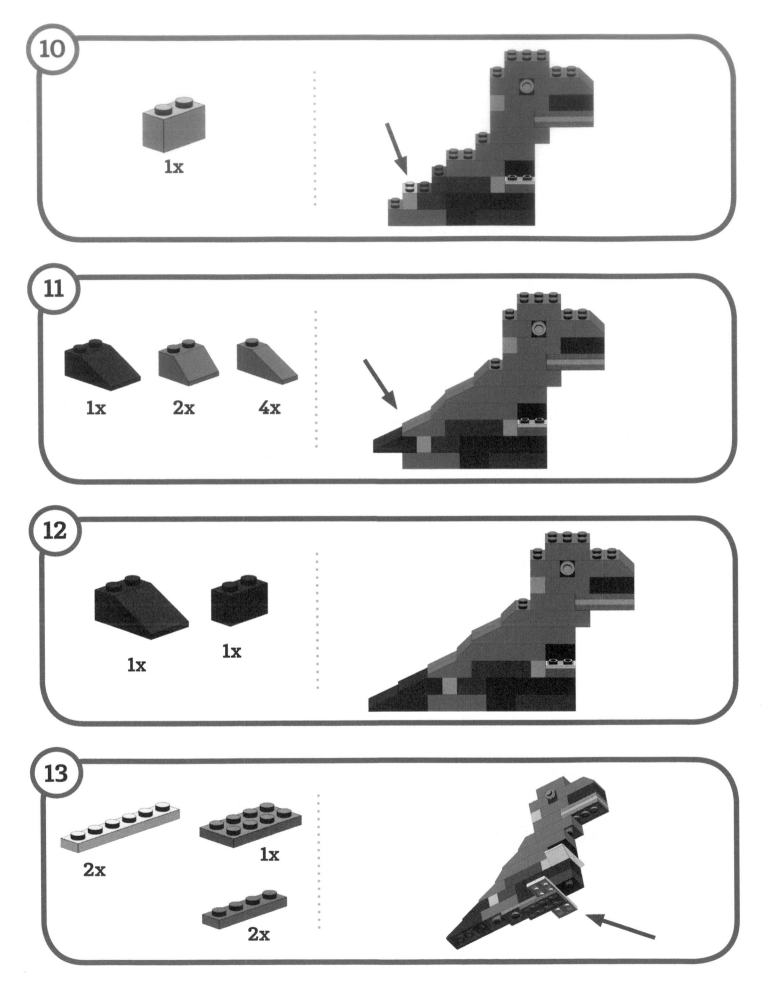

Build a Brontosaurus

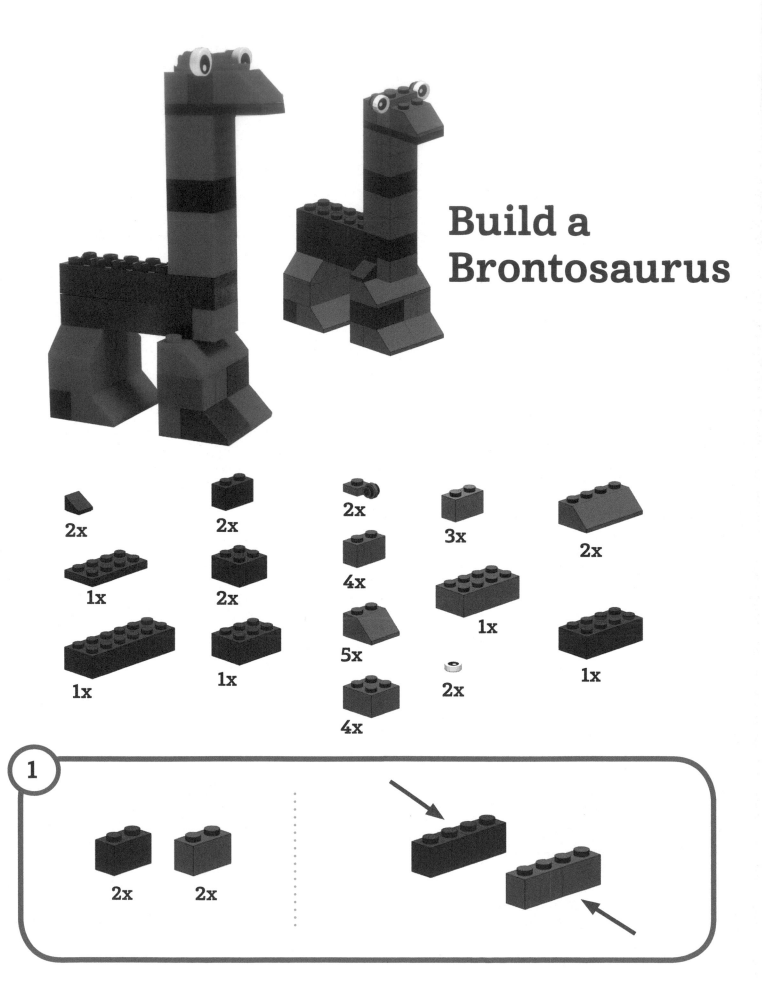

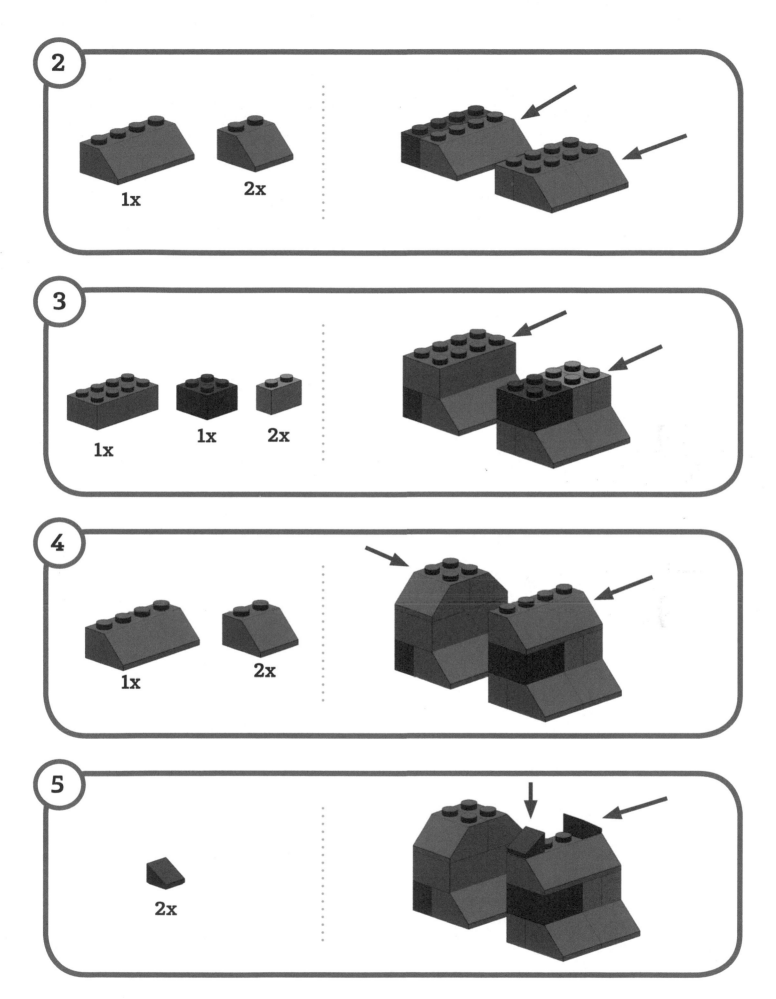

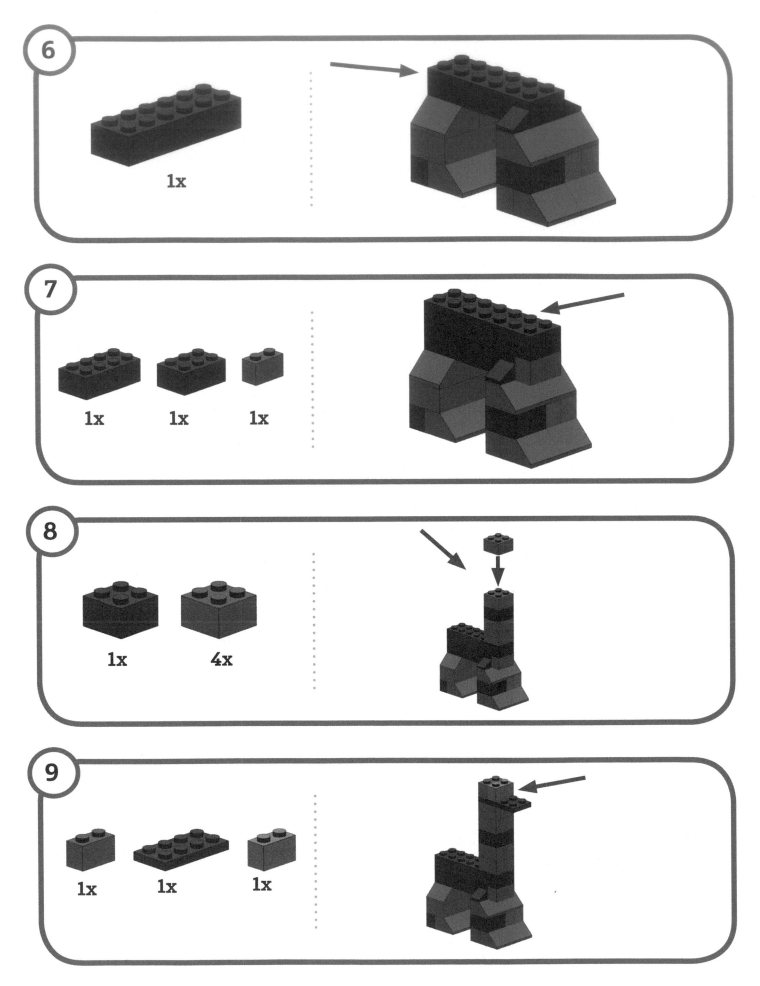

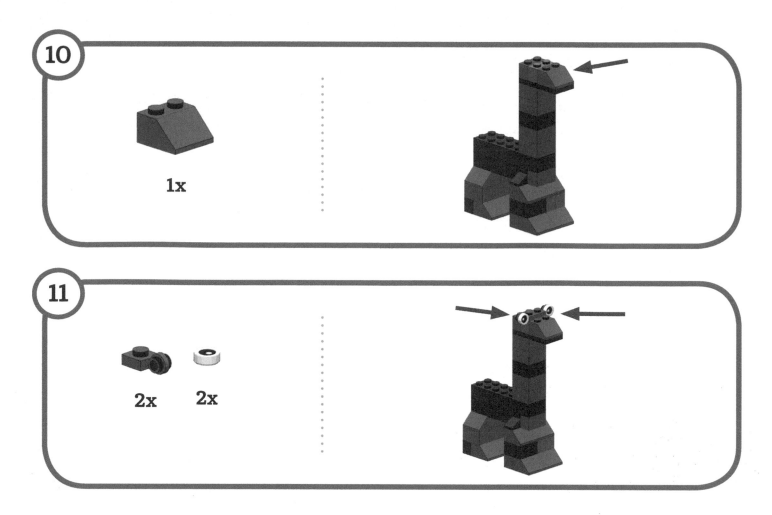

Build a Tree

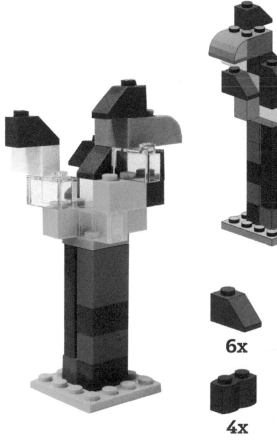 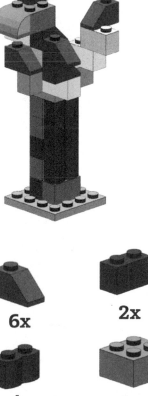

1x

4x

1x

6x

2x

2x

2x

4x

1x

3x

2x

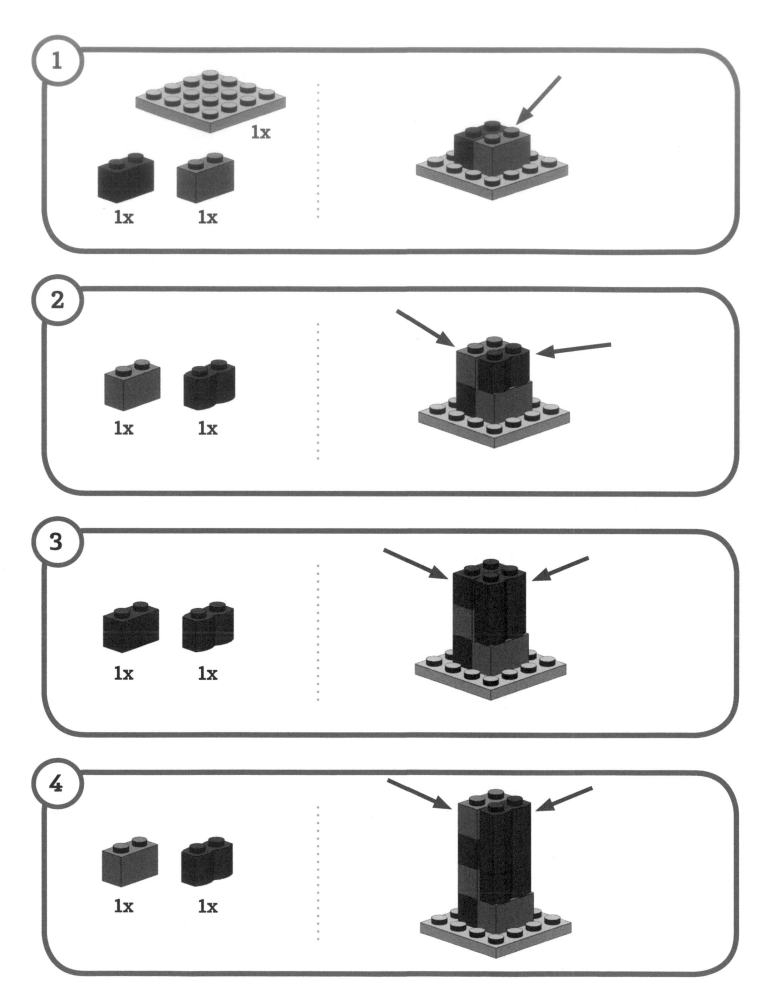

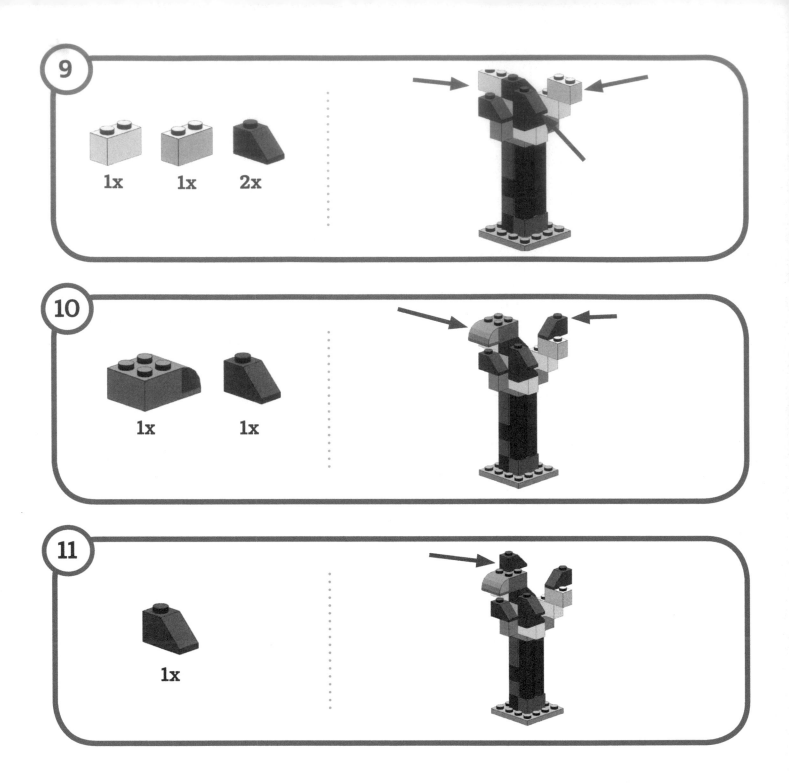

Build a Triceratops

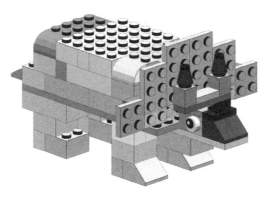

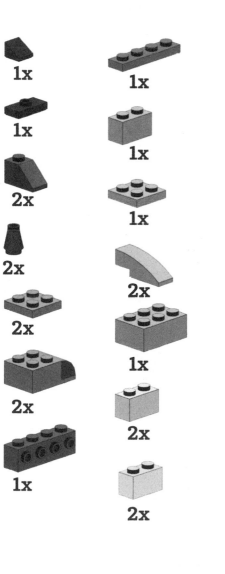
1x

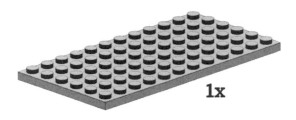 1x

1x

5x

3x

2x

4x

1x

4x

2x

2x

2x

2x

1x

2x

5x

2x

3x

2x

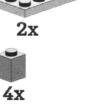
2x

1x

4x

3x

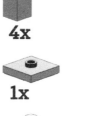
1x

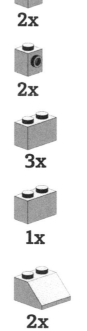
4x

1x

2x

2x

2x

2x

1x

1x

2x

2x

3x

4x

2x

3x

1

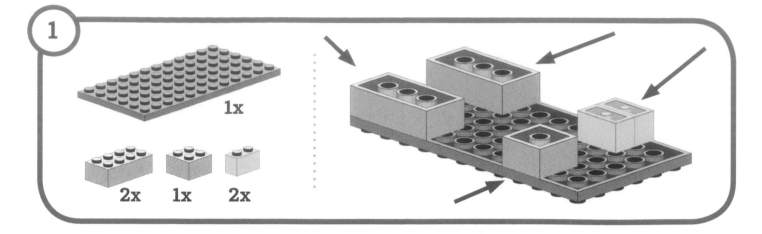

1x

2x   1x   2x

2

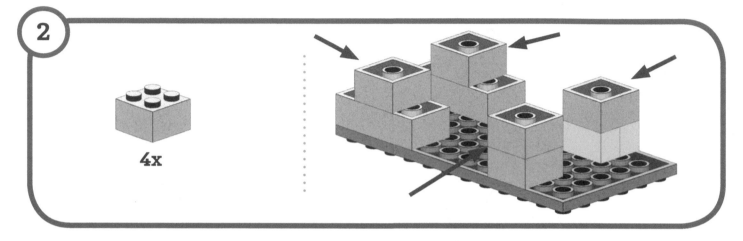

4x

3

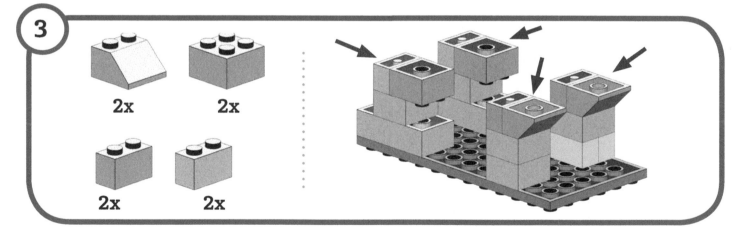

2x   2x

2x   2x

4

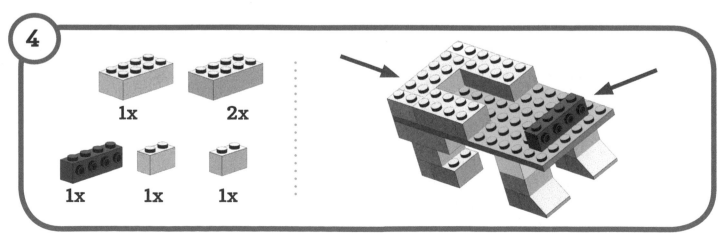

1x   2x

1x   1x   1x

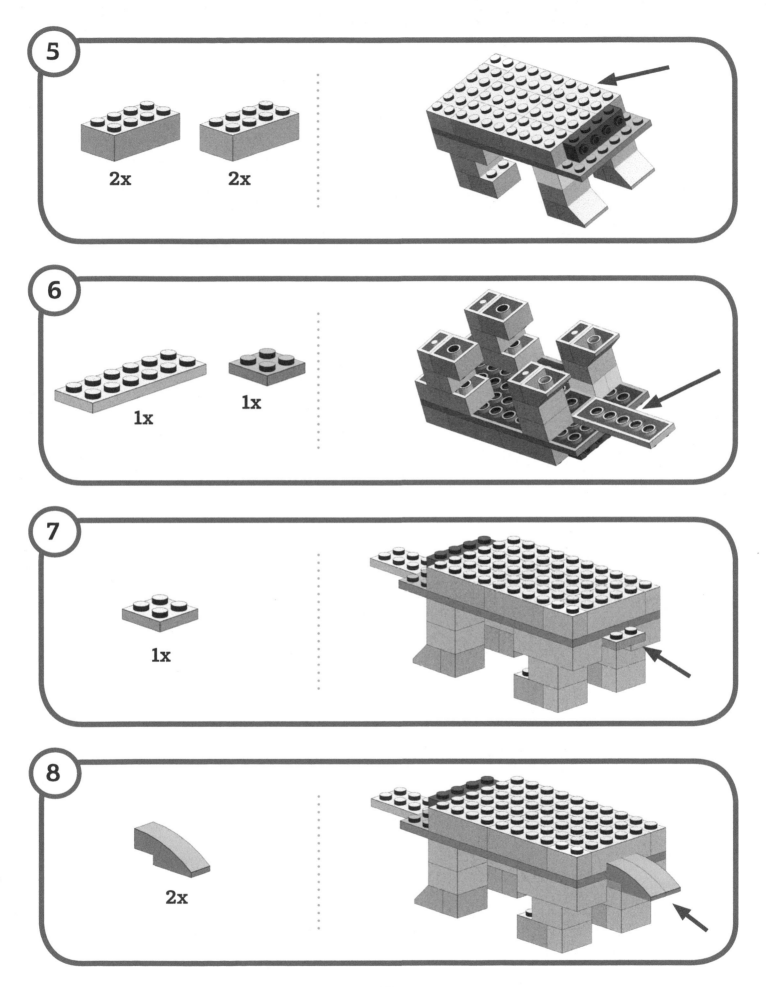

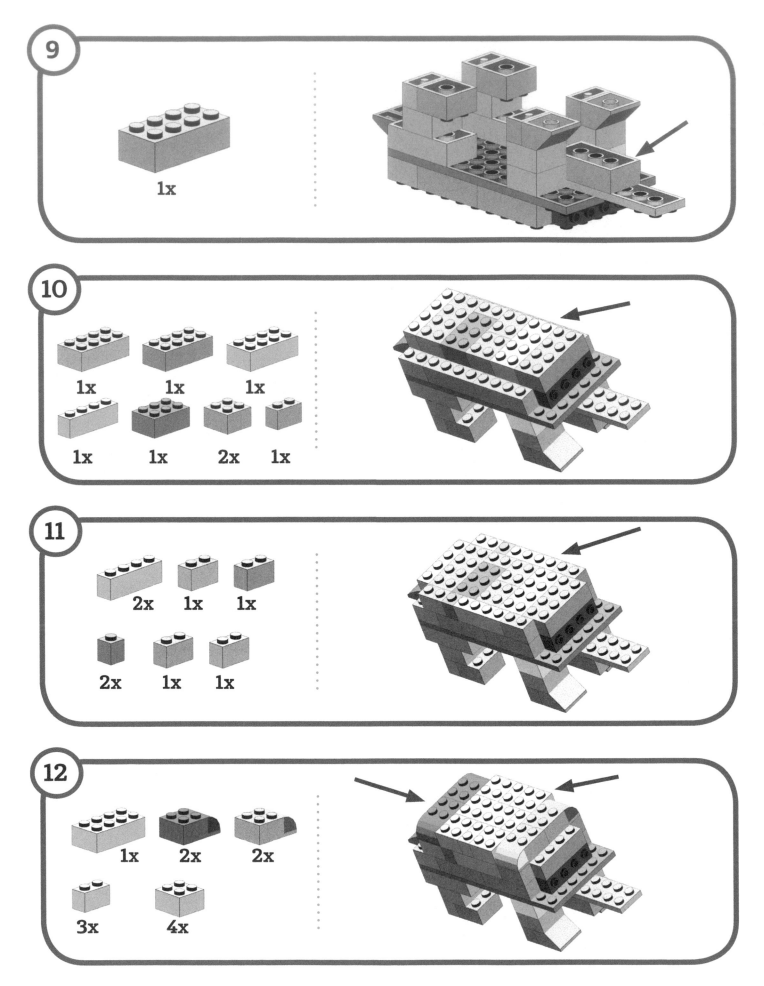

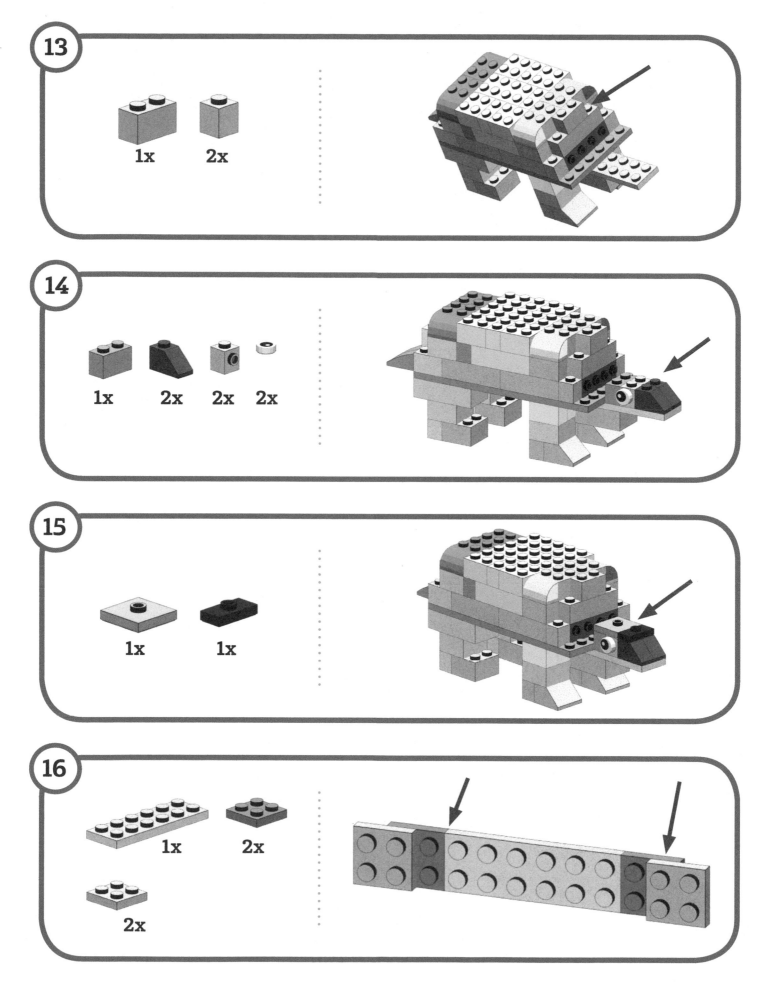

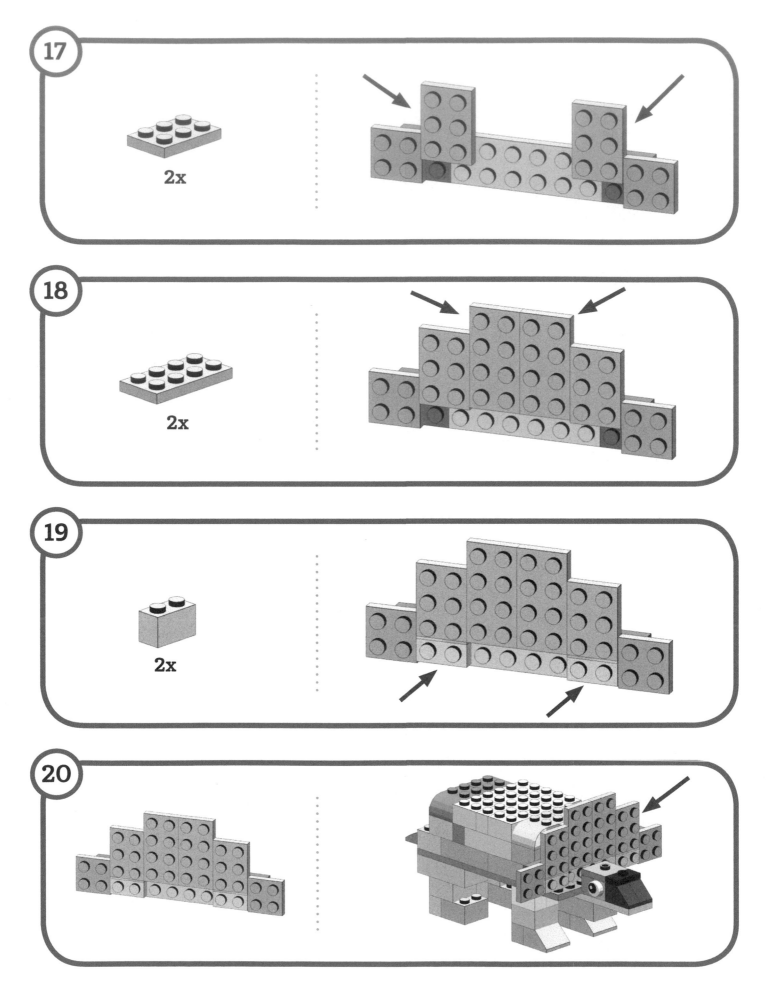

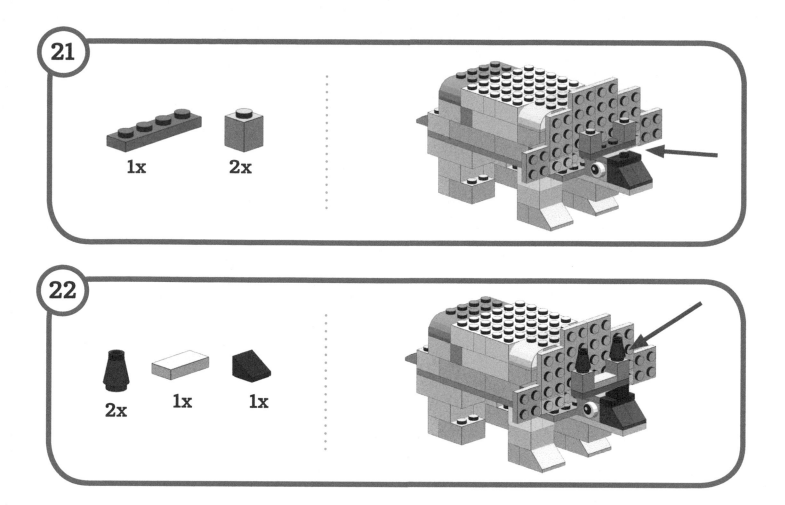

Busy Bay

Windmill

Bridge

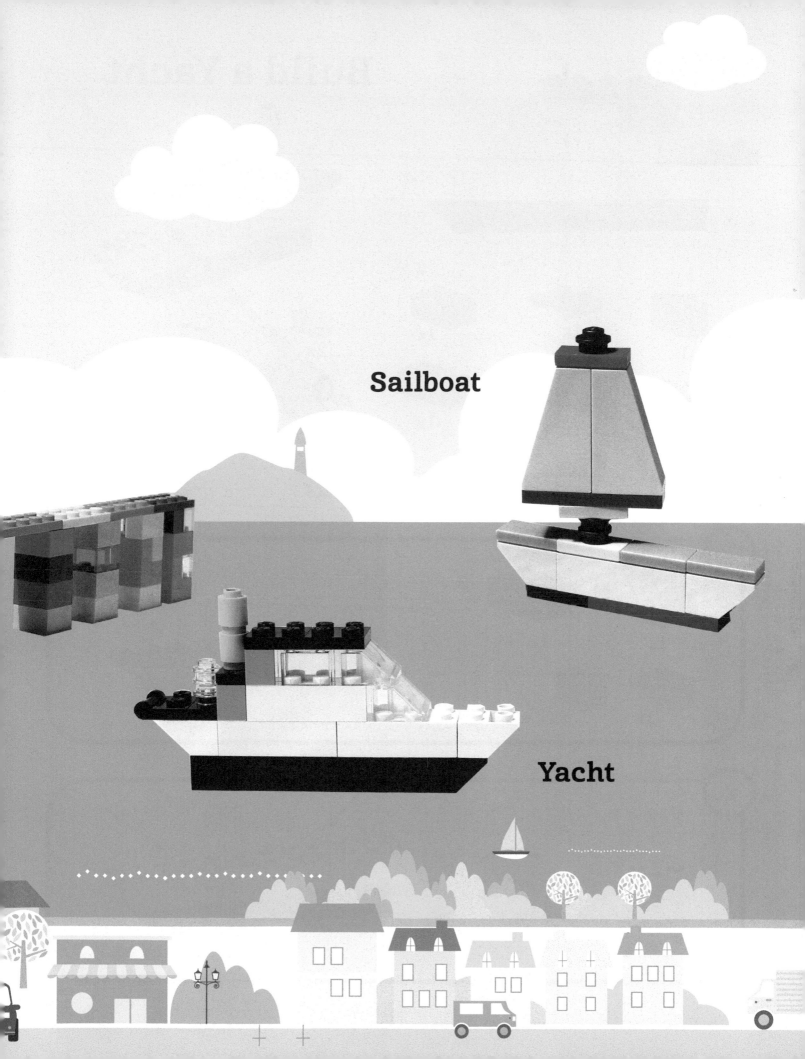

Sailboat

Yacht

Build a Yacht

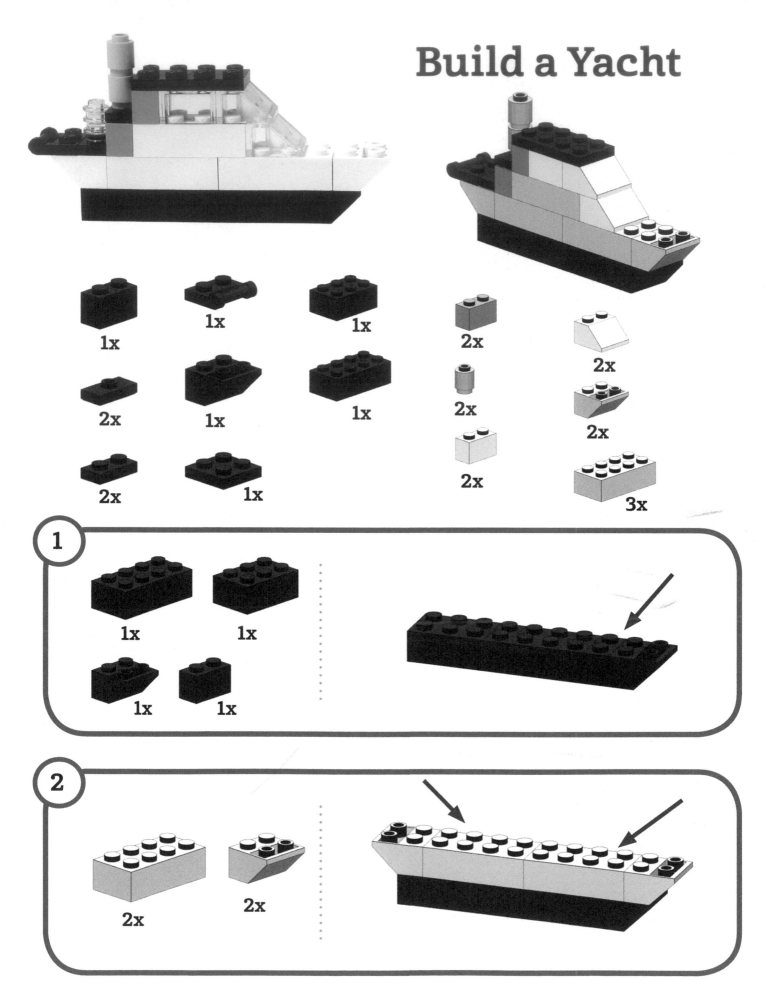

1x 1x 1x

2x 1x 1x

2x 1x

2x 2x 2x 2x 2x 3x

1

1x 1x

1x 1x

2

2x 2x

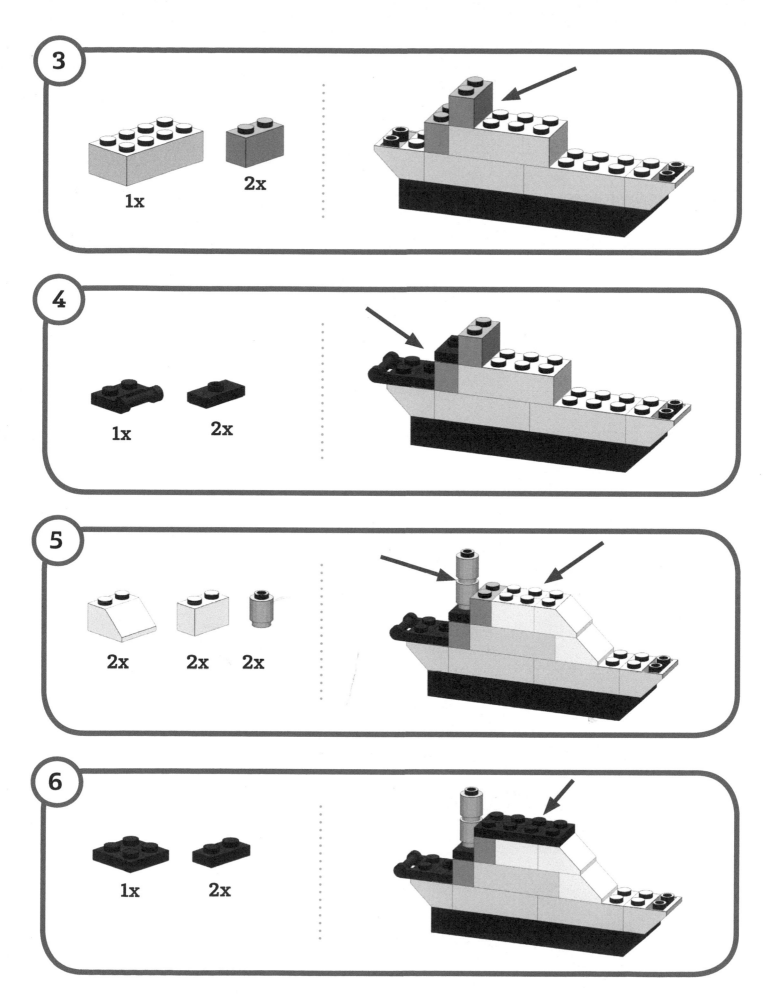

Build a Bridge

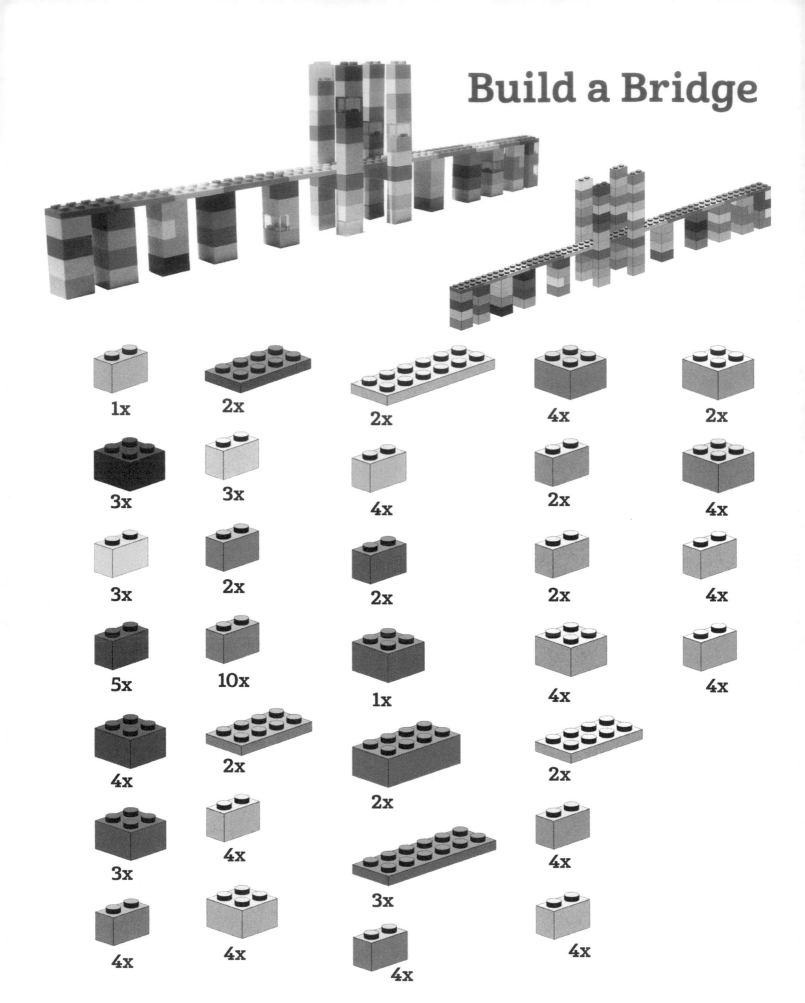

1x

2x

2x

4x

2x

3x

3x

4x

2x

4x

3x

2x

2x

2x

4x

5x

10x

1x

4x

4x

4x

2x

2x

2x

3x

2x

4x

4x

3x

4x

3x

4x

4x

4x

4x

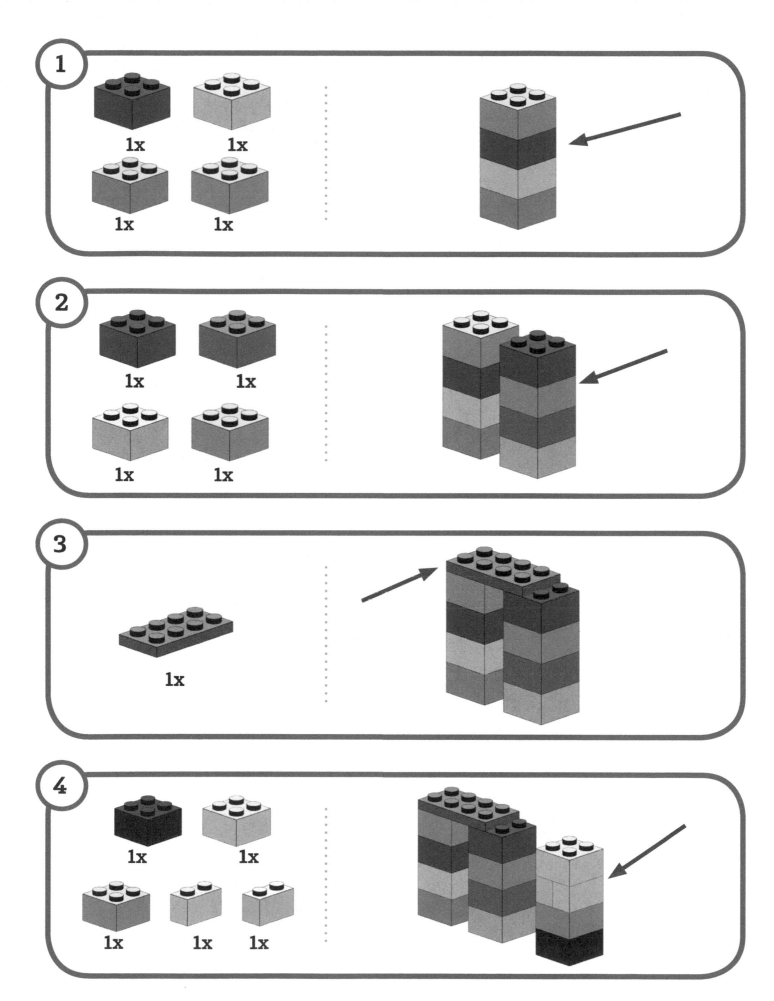

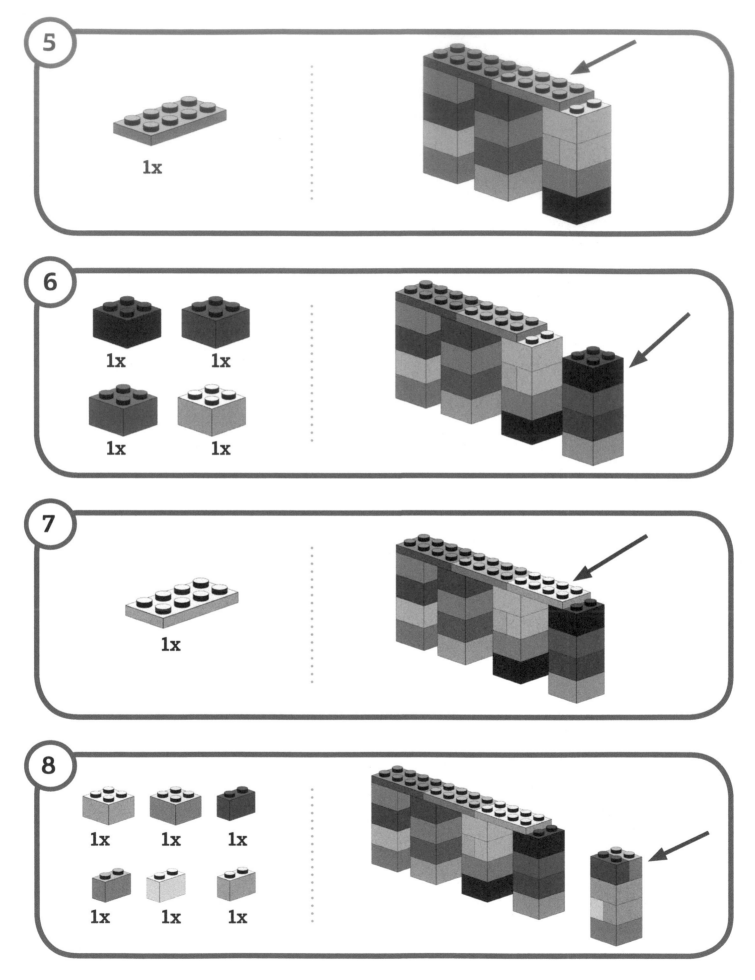

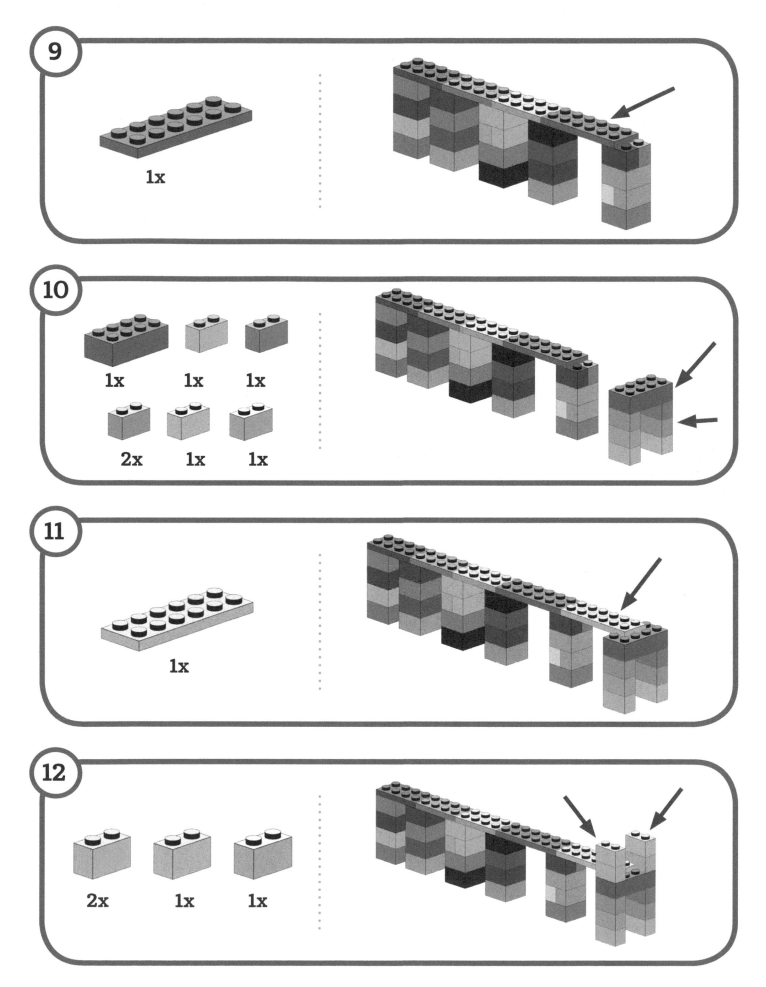

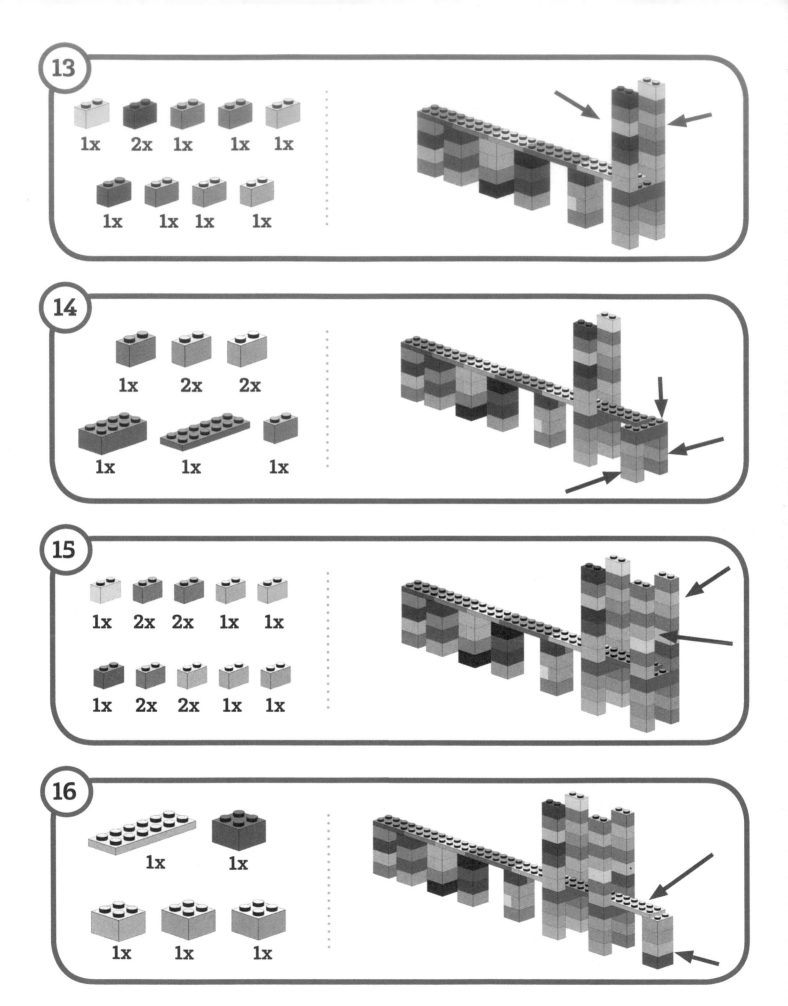

13

1x 2x 1x 1x 1x

1x 1x 1x 1x

14

1x 2x 2x

1x 1x 1x

15

1x 2x 2x 1x 1x

1x 2x 2x 1x 1x

16

1x 1x

1x 1x 1x

17

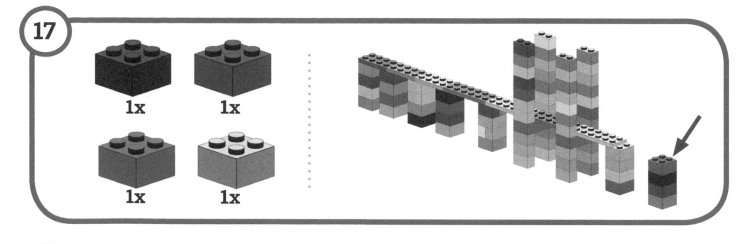

1x 1x
1x 1x

18

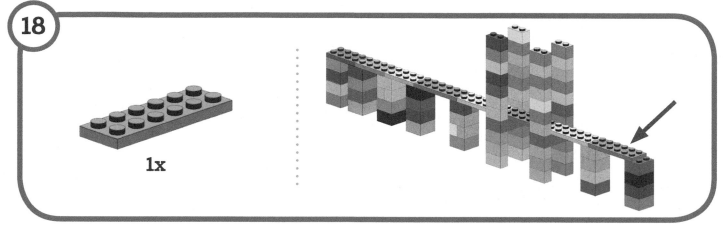

1x

19

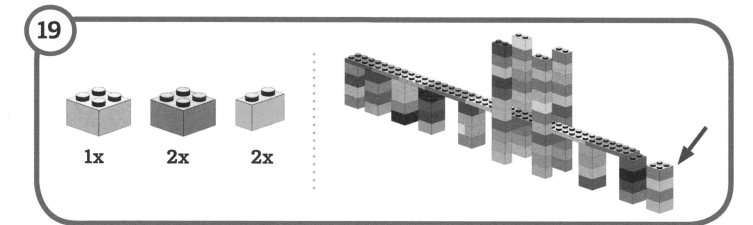

1x 2x 2x

20

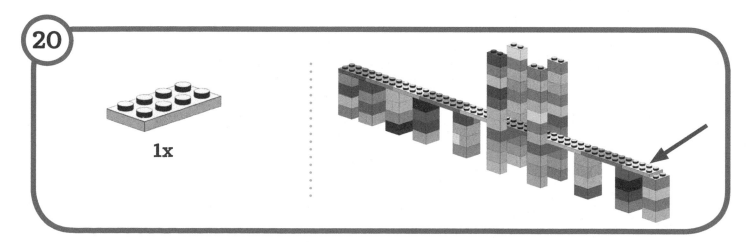

1x

21

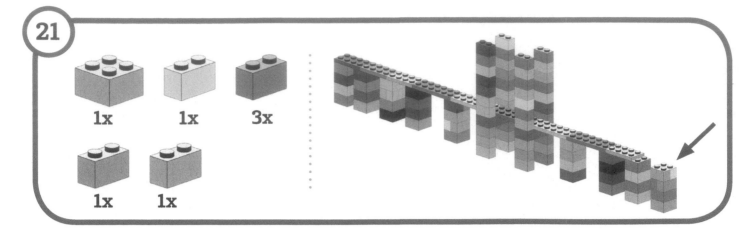

1x 1x 3x

1x 1x

22

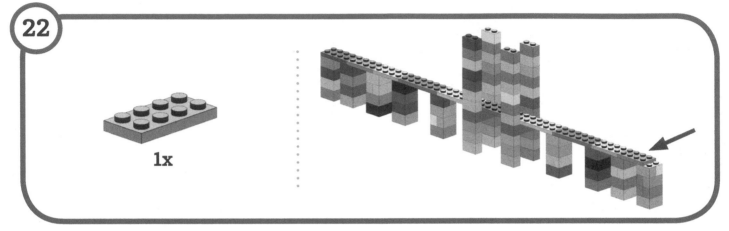

1x

23

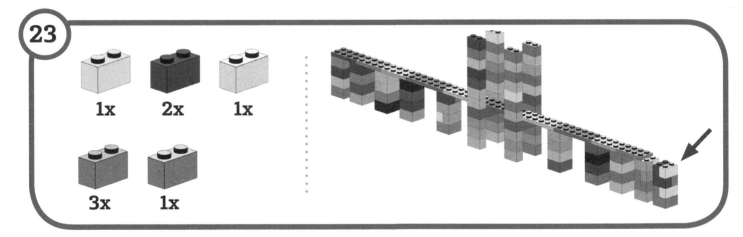

1x 2x 1x

3x 1x

24

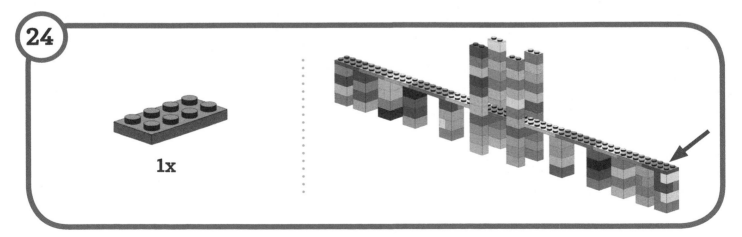

1x

Build a Sailboat

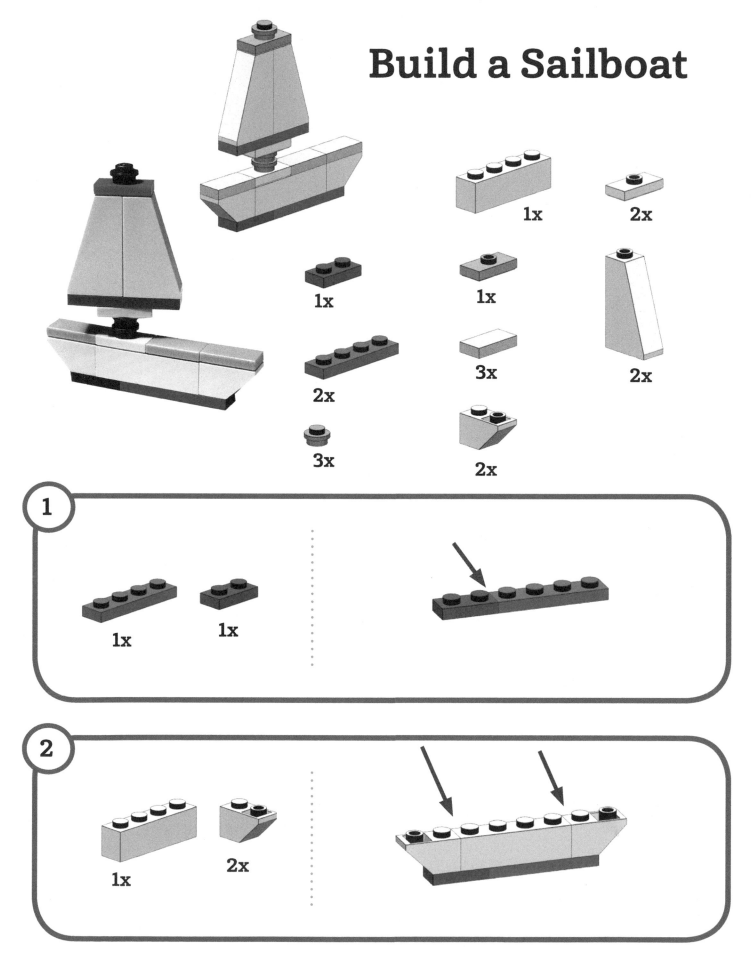

1

1x   1x

2

1x   2x

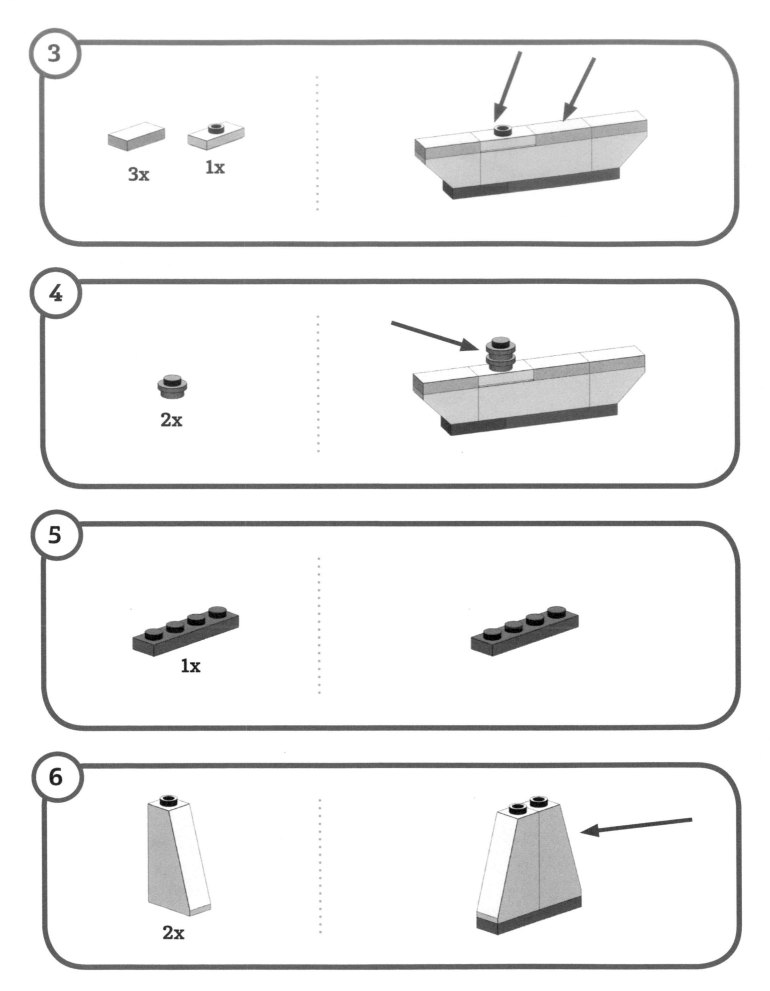

Build a Windmill

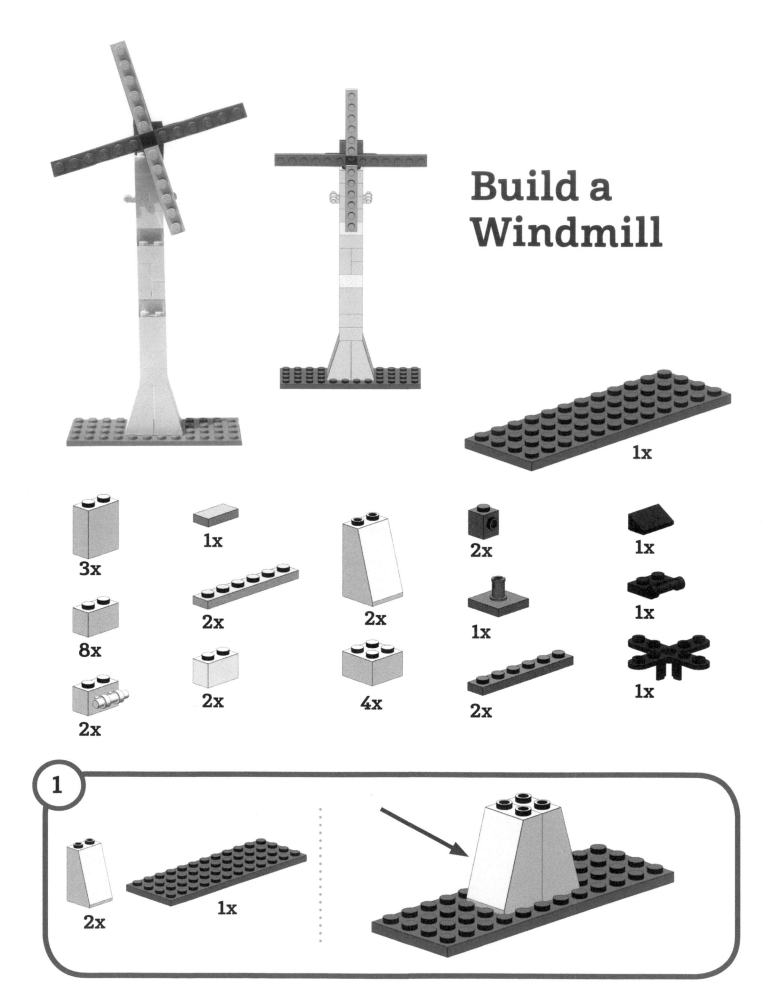

1x

3x 1x 2x 1x

8x 2x 2x 1x 1x

2x 2x 4x 2x 1x

1

2x 1x

50

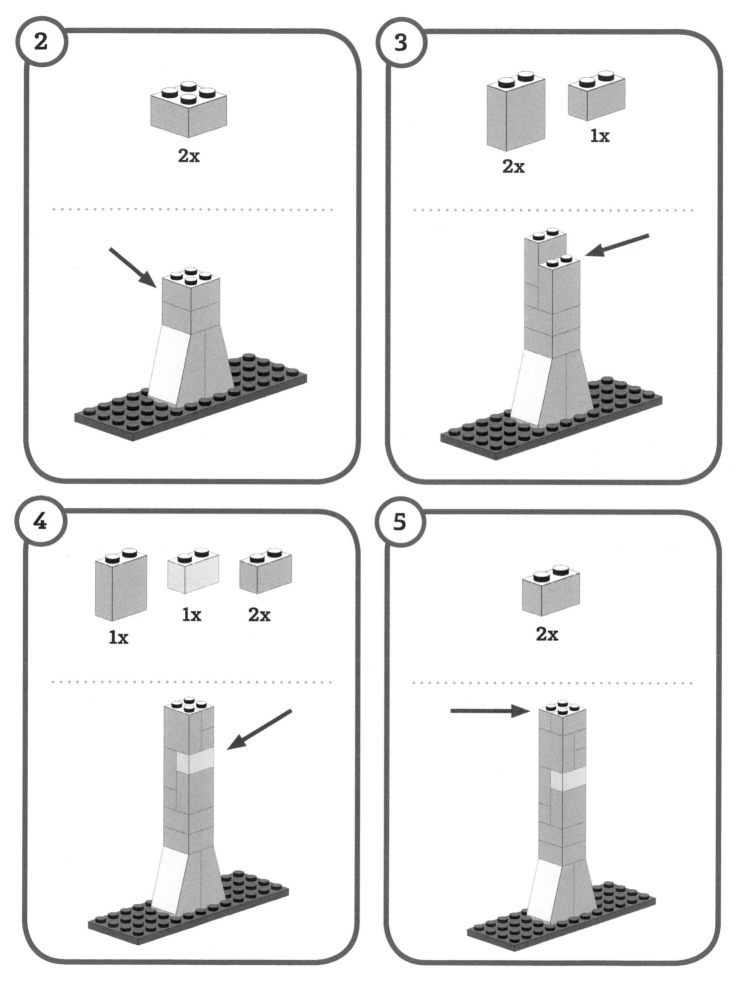

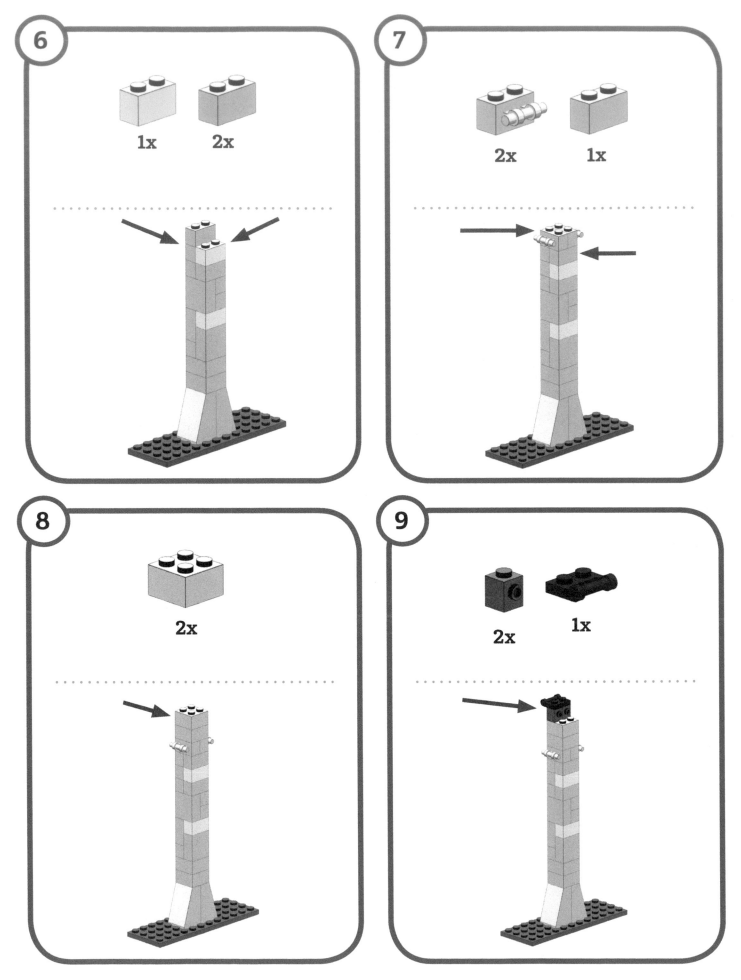

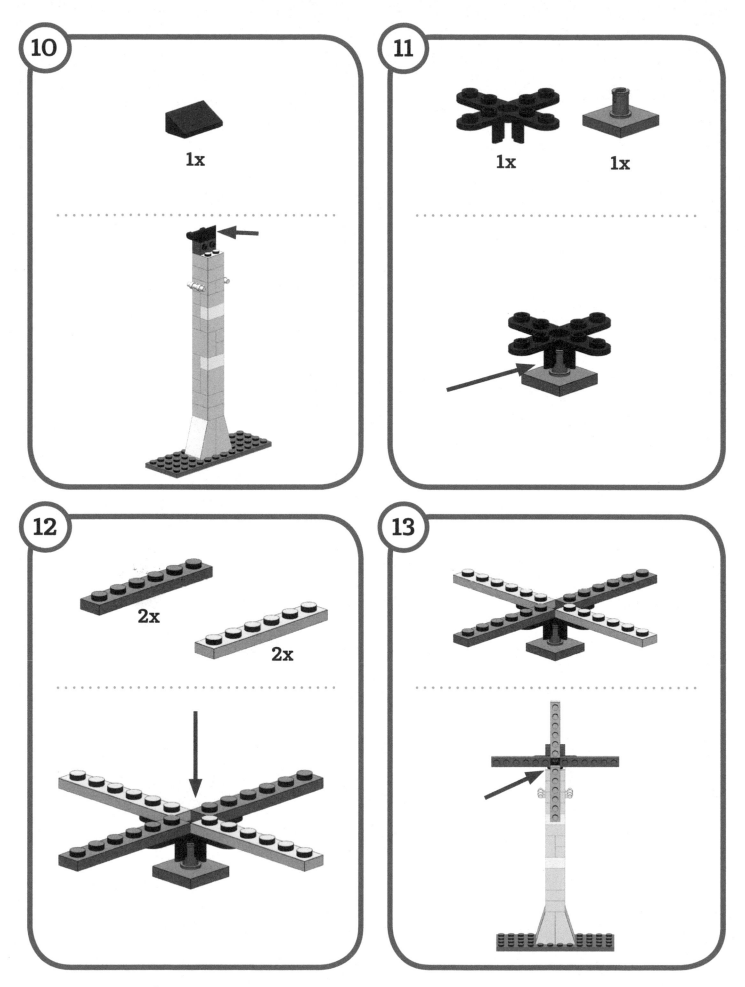

Desert Scene

Camel
Calf

Green Cactus
& Blooming
Cacti

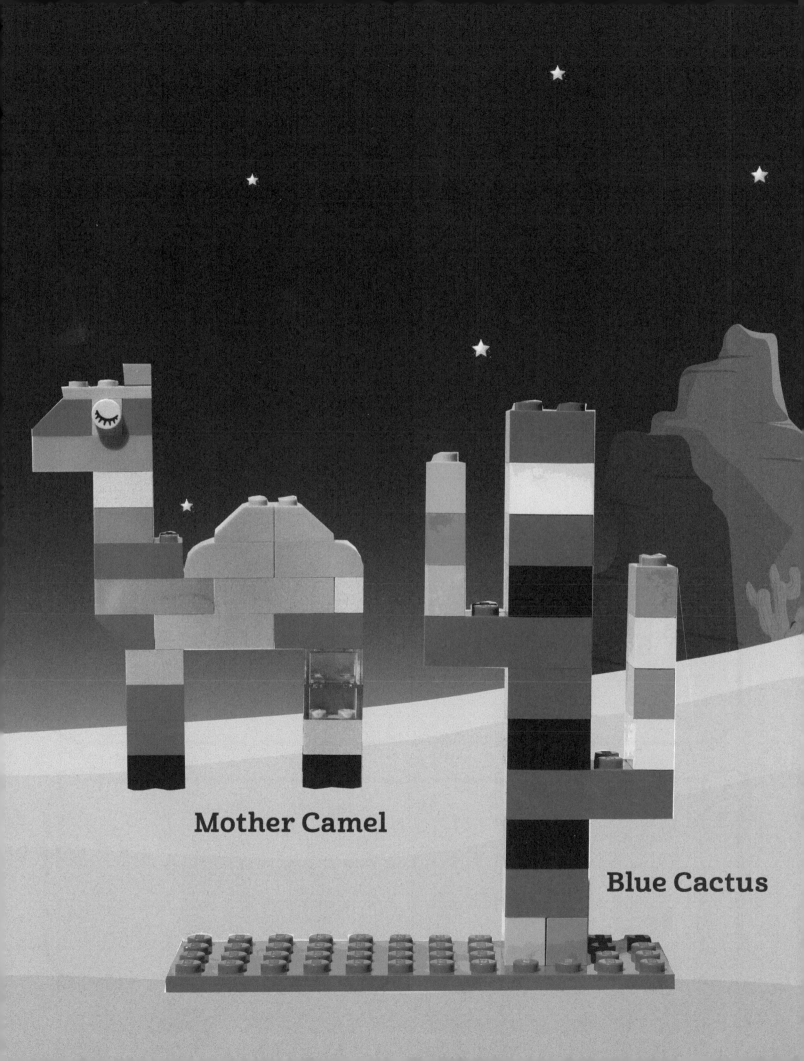

Mother Camel

Blue Cactus

Build a Mother Camel

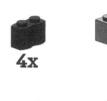

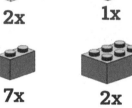

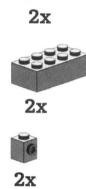

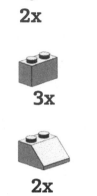

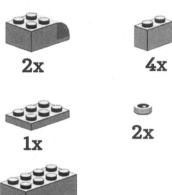

4x 1x 2x 2x 2x 4x

2x 1x 2x 3x 1x 2x

7x 2x 2x 2x 2x

1

4x

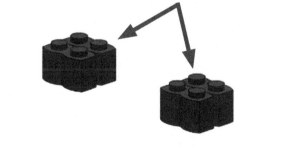

2

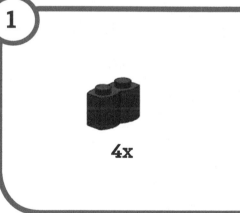

2x 6x

3x 1x

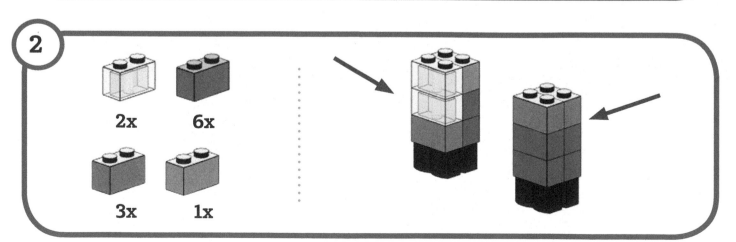

3

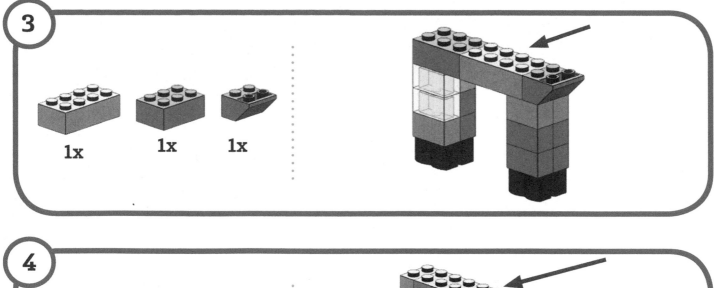

1x   1x   1x

4

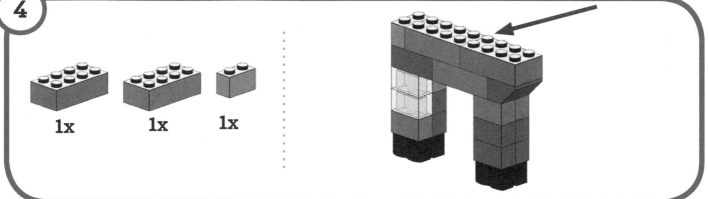

1x   1x   1x

5

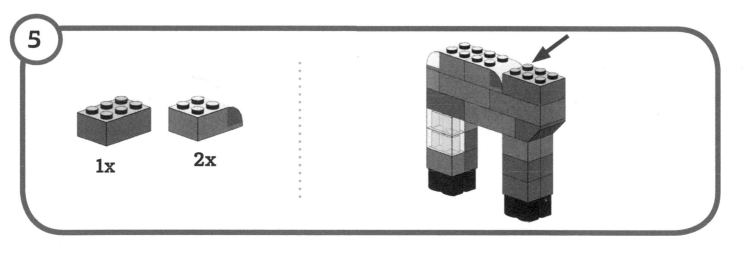

1x   2x

6

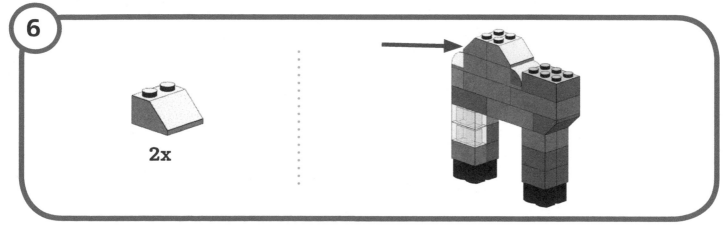

2x

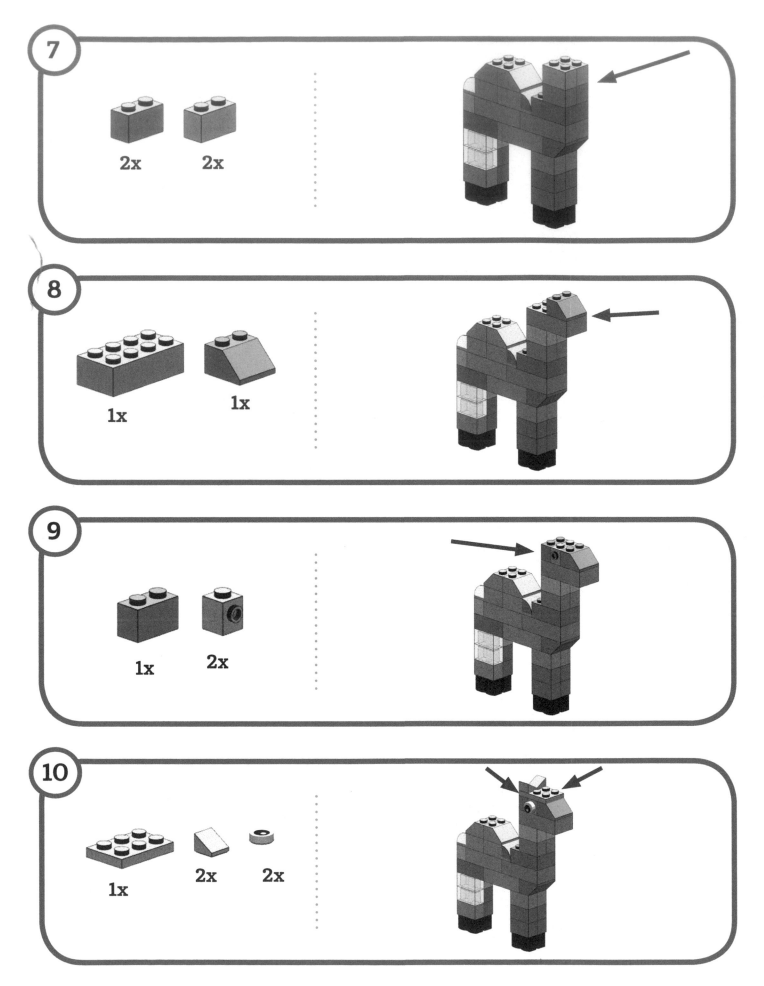

Build a Blue Cactus

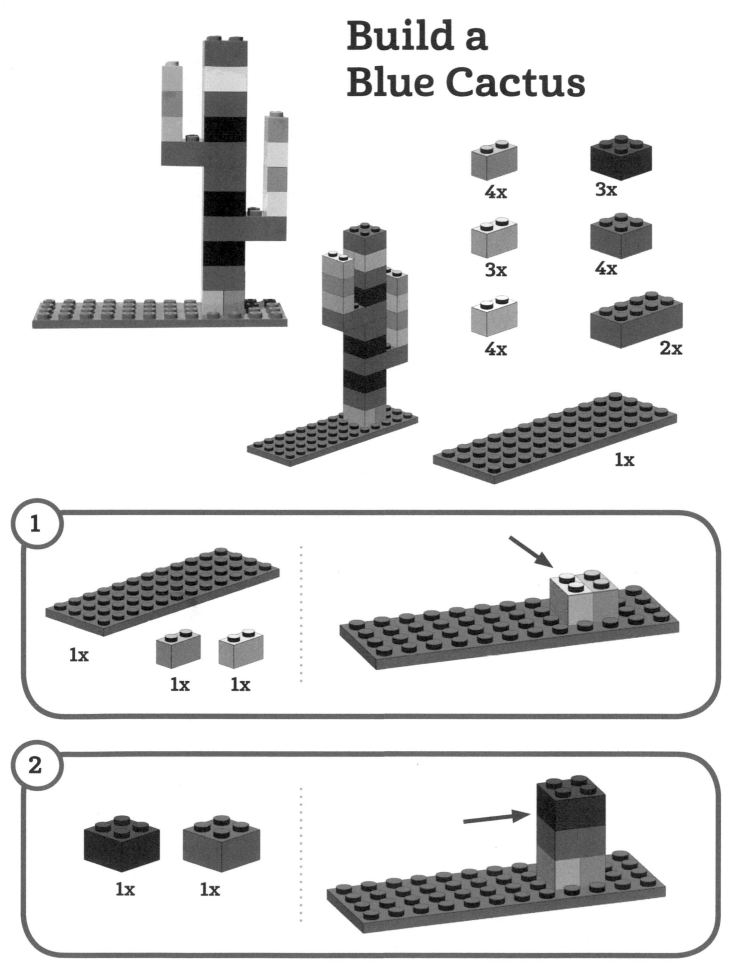

4x

3x

3x

4x

4x

2x

1x

1

1x

1x   1x

2

1x   1x

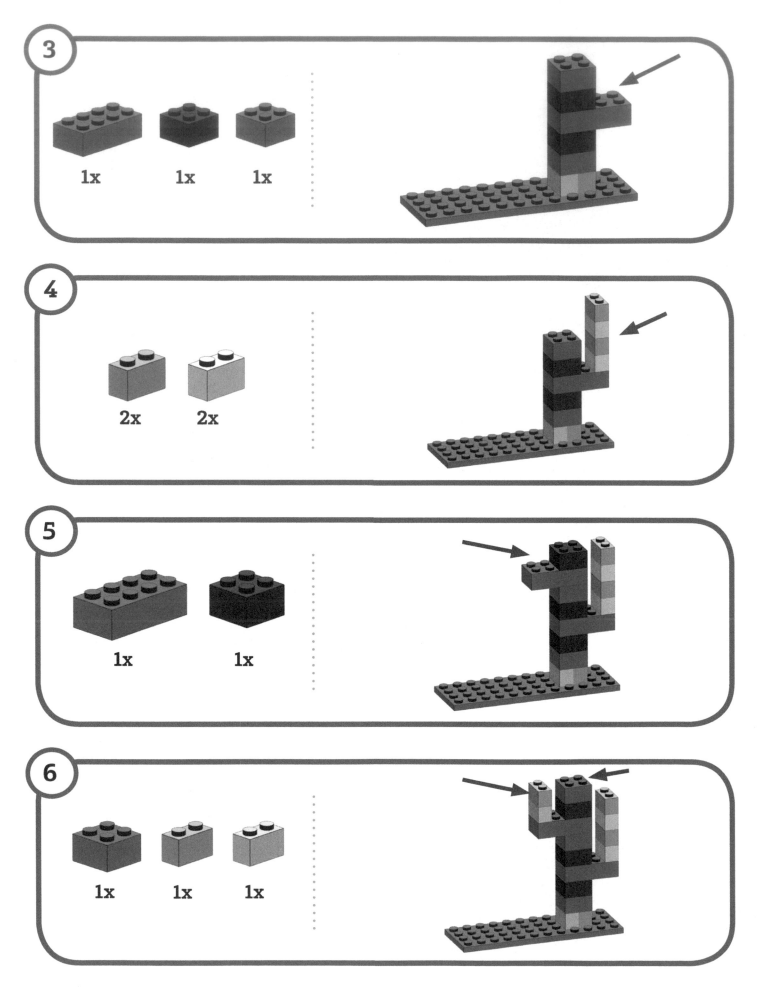

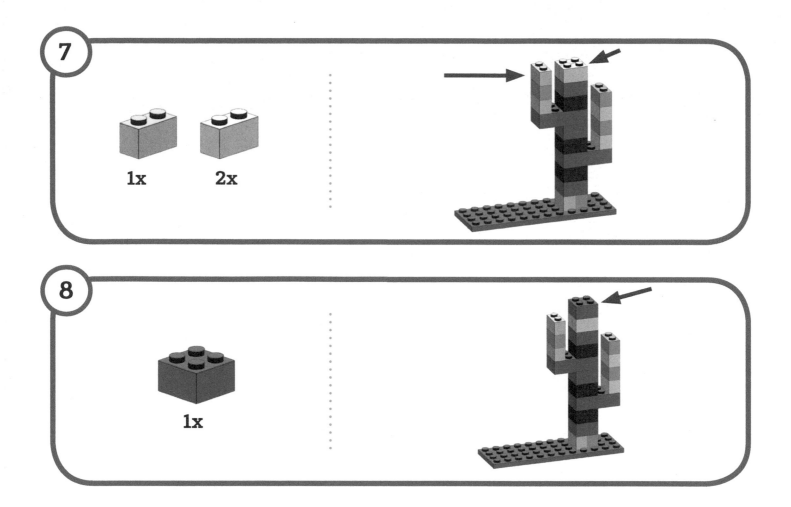

7

1x 2x

8

1x

Build a Camel Calf

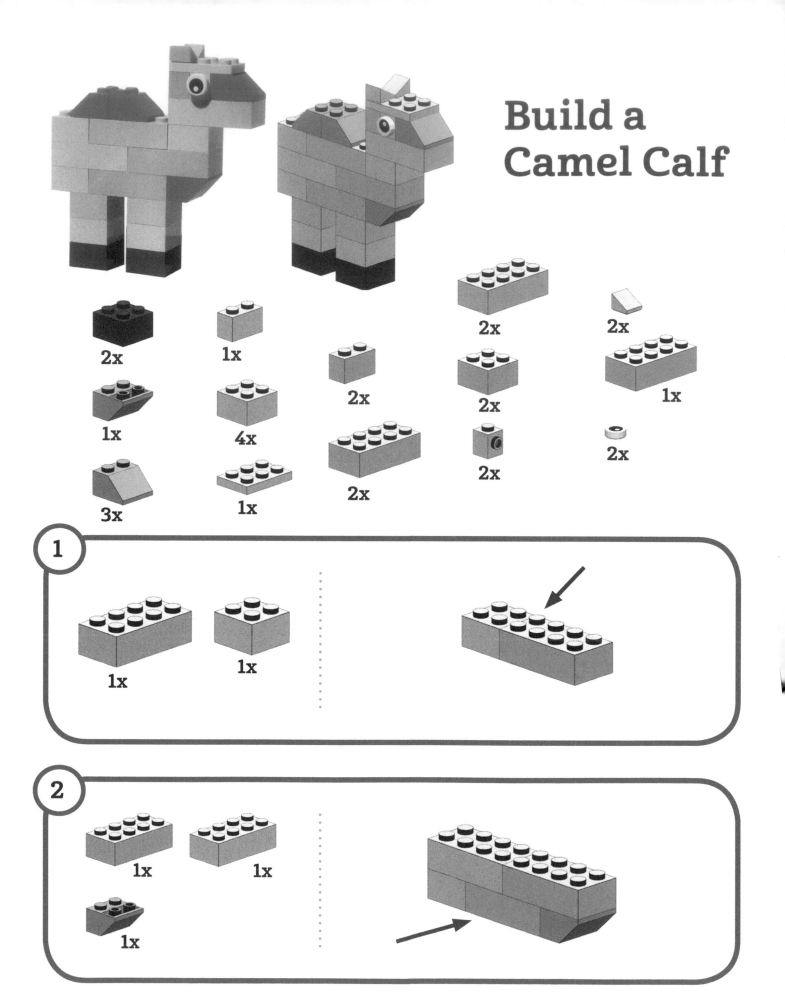

2x

1x

1x

4x

3x

1x

2x

2x

2x

2x

2x

2x

1x

2x

1

1x   1x

2

1x   1x

1x

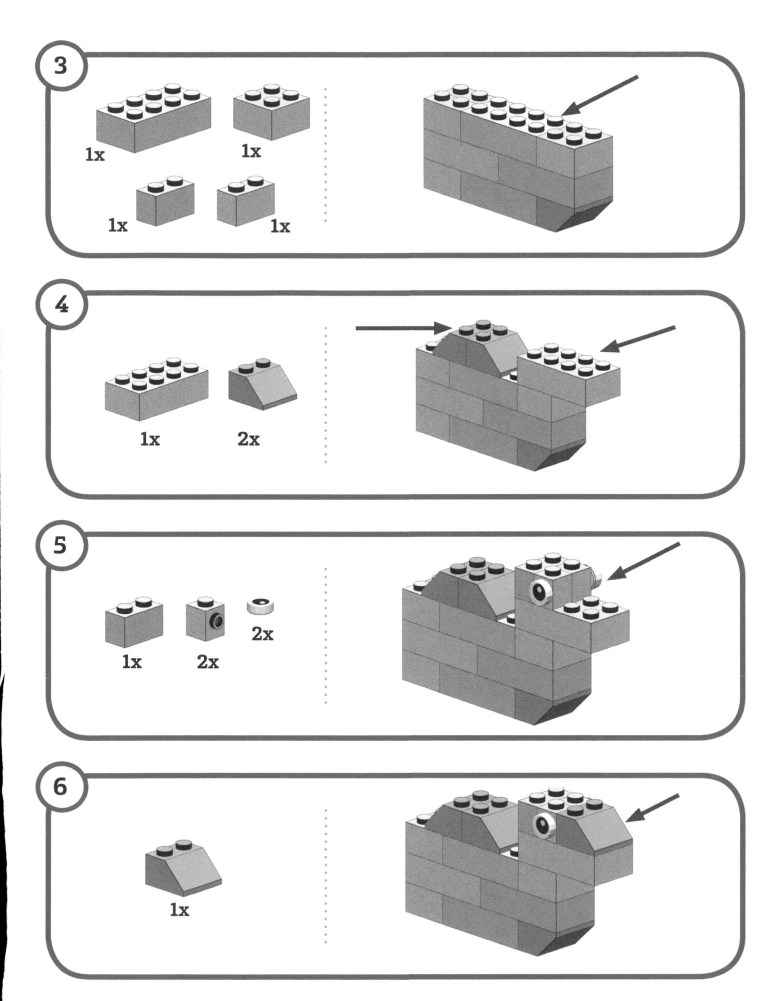

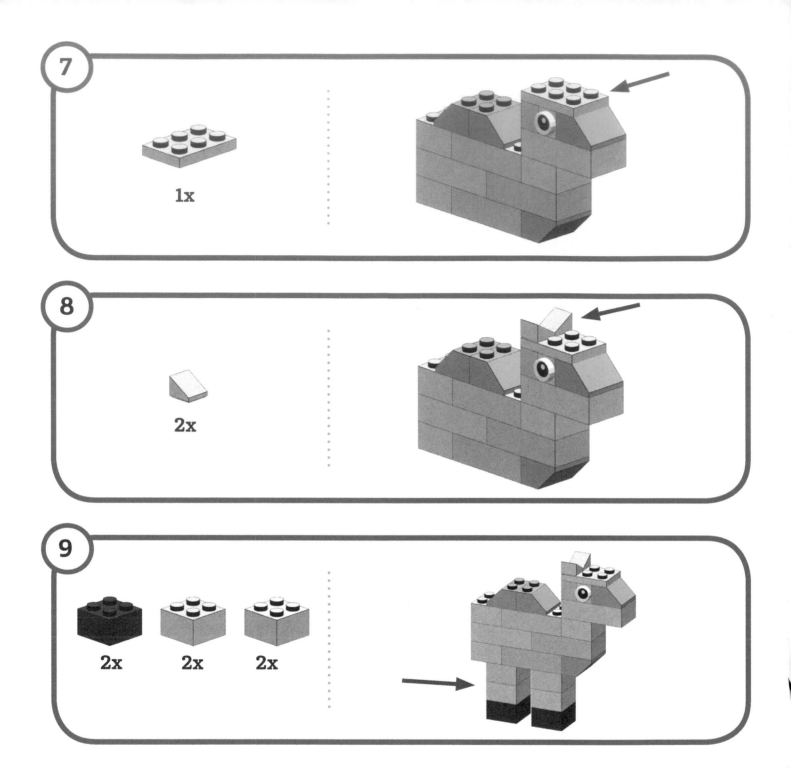

Build a Green Cactus & Blooming Cacti

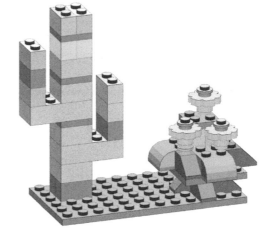

1x

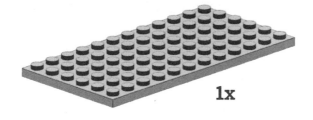

1x

4x

3x

2x

3x

6x

4x

2x

1x

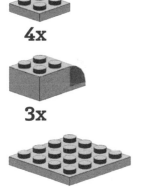

3x

4x

4x

4x

4x

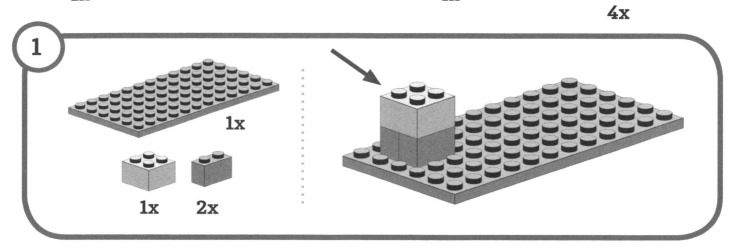

1

1x

1x   2x

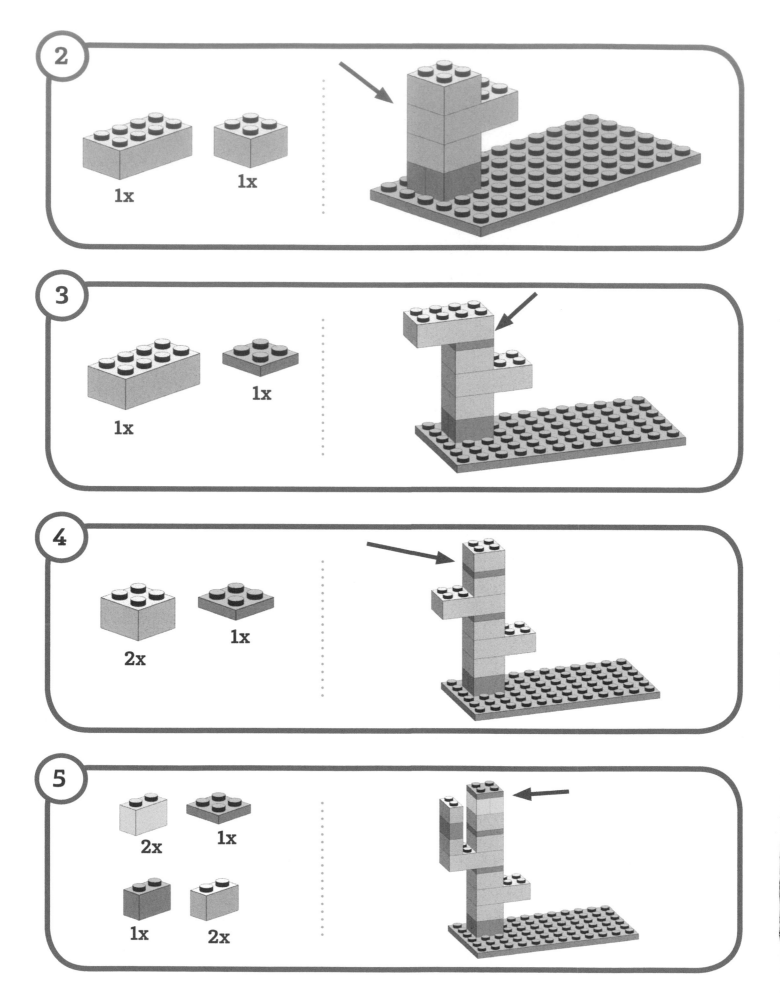

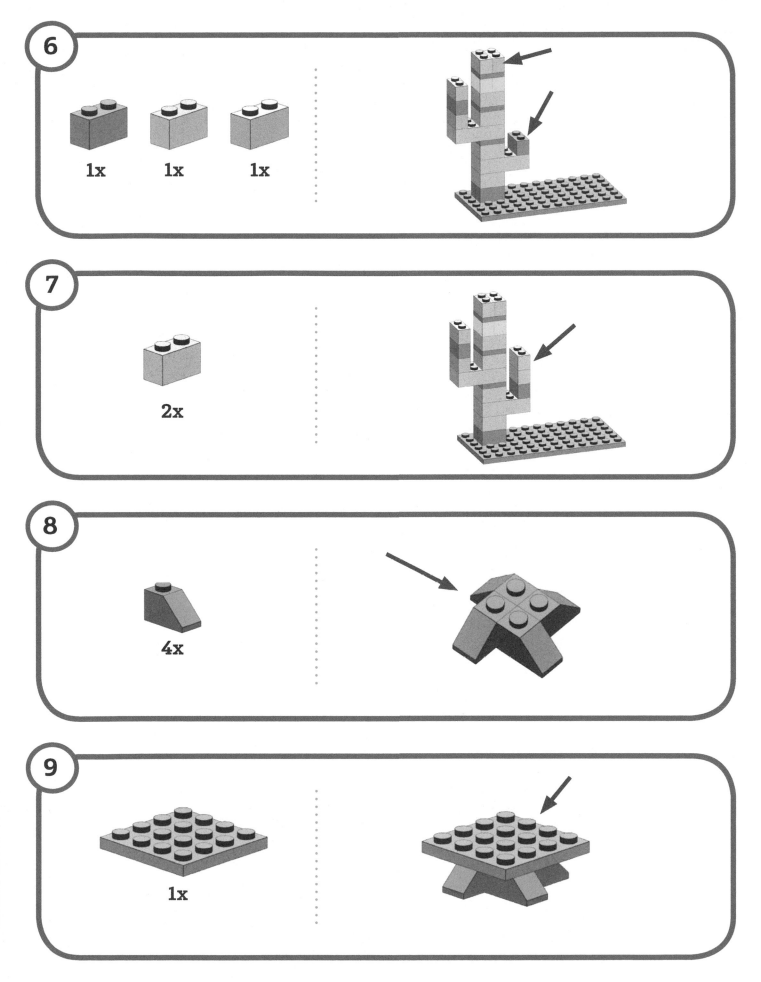

6

1x   1x   1x

7

2x

8

4x

9

1x

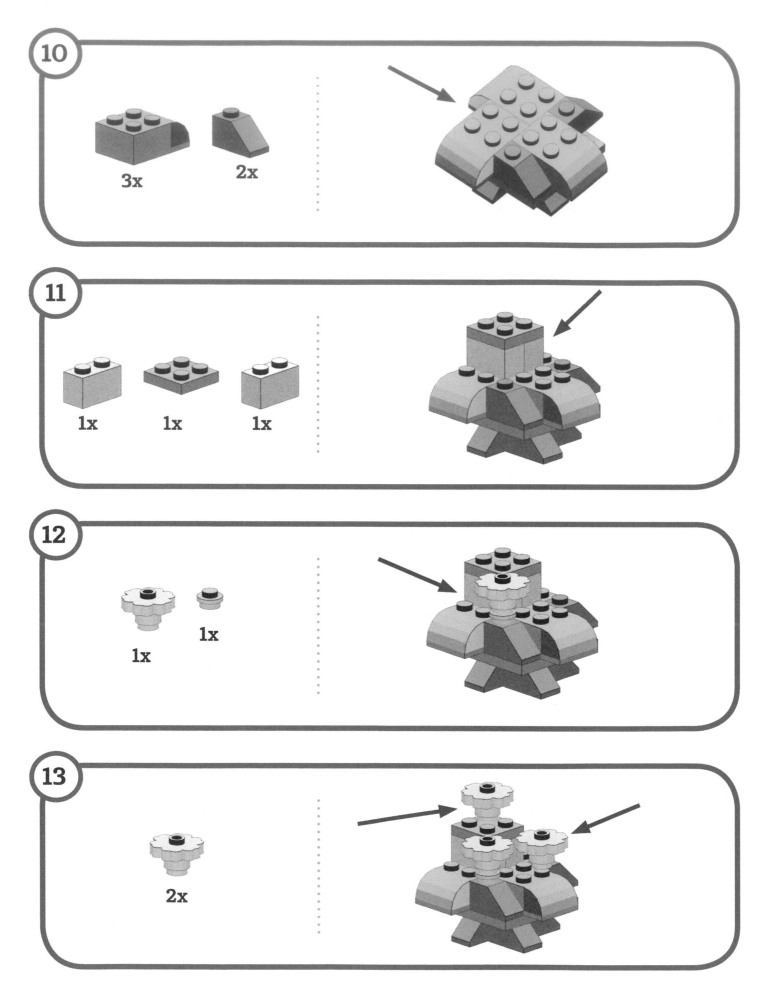

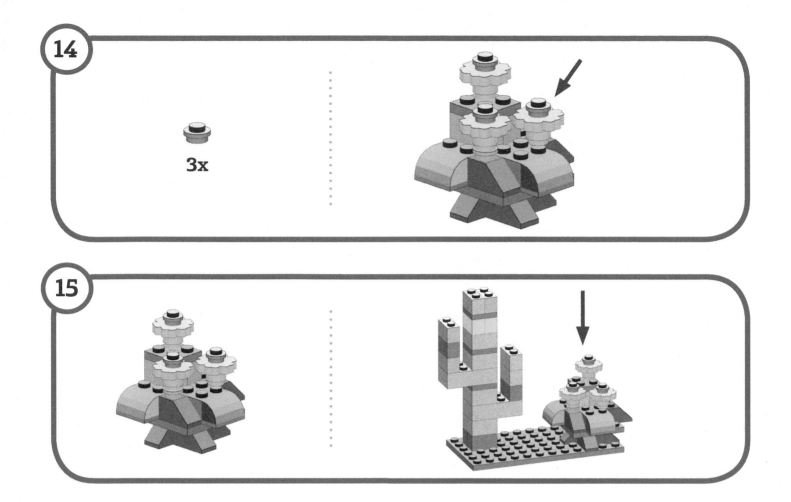

Seaside Cityscape

Helicopter

Yellow Car

Airplane

Navy Ship

Build a Navy Ship

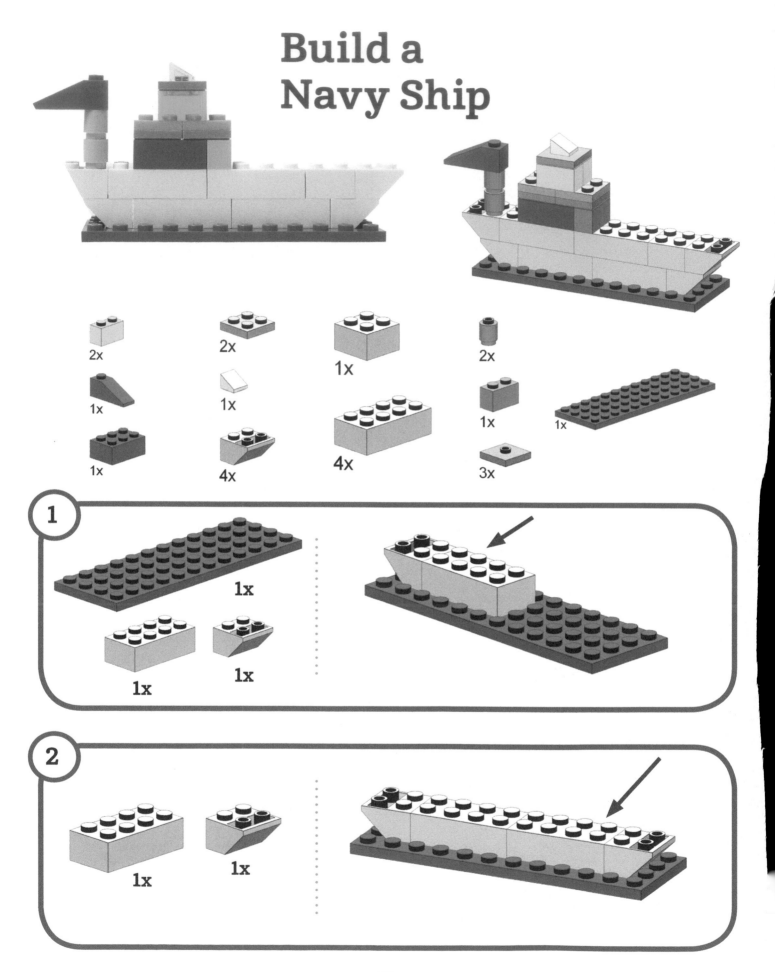

2x

2x

1x

2x

1x

1x

1x

1x

1x

4x

4x

1x

3x

1

1x

1x

1x

2

1x

1x

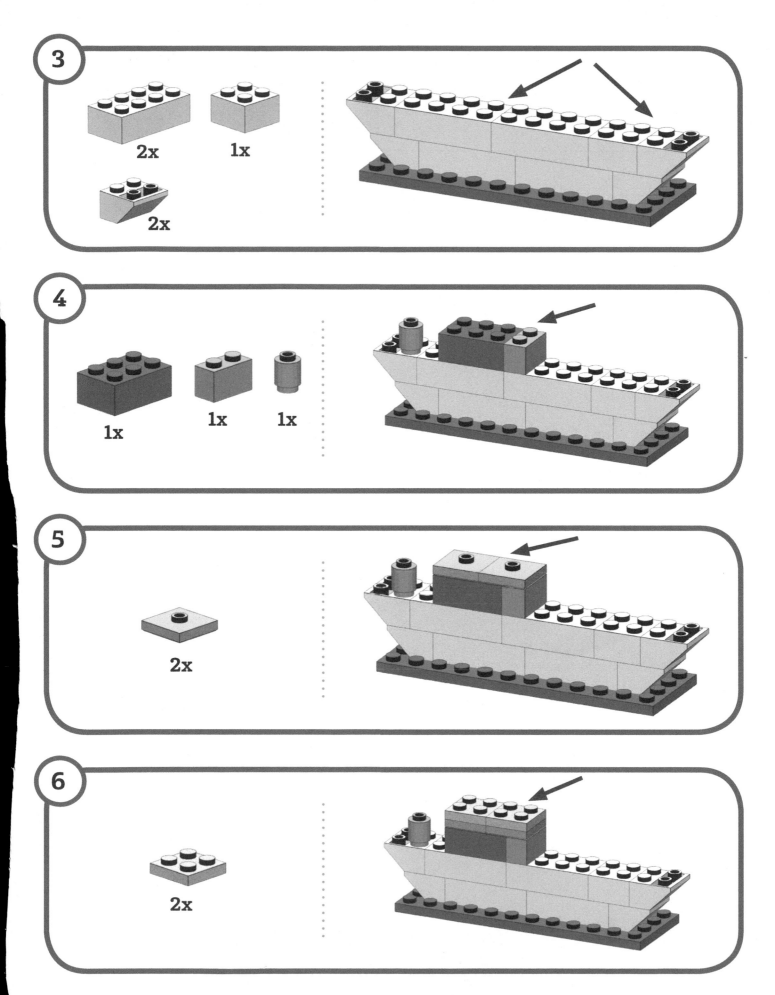

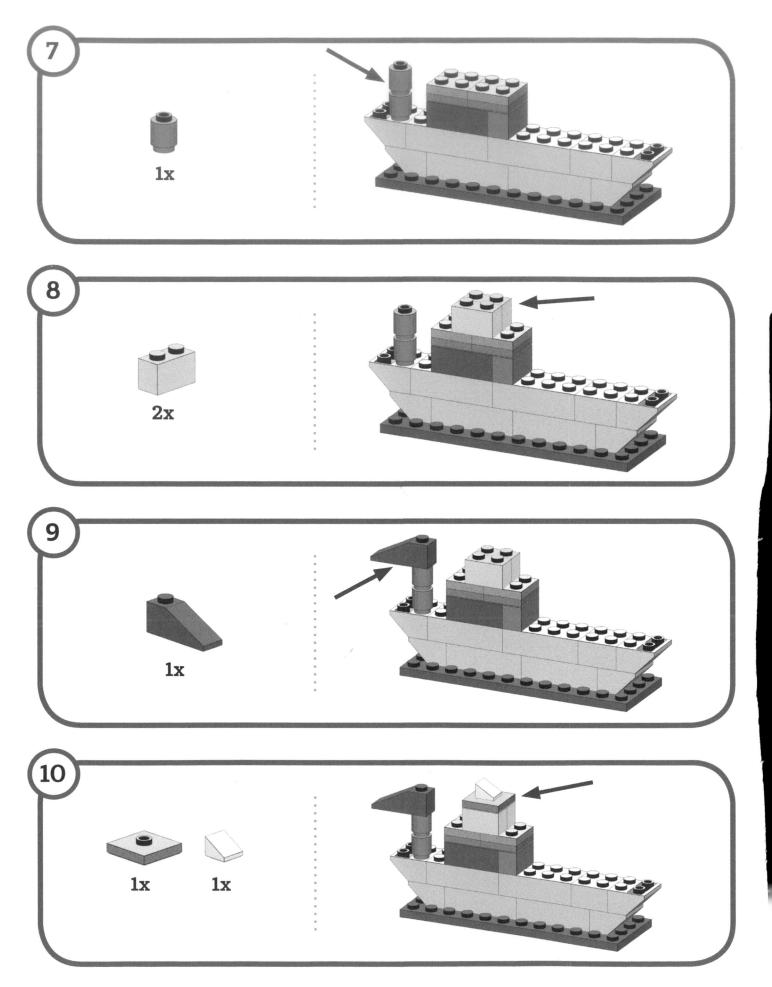

Build an Airplane

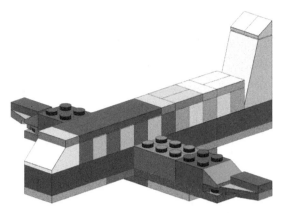

2x

1x

2x

2x

2x

1x

3x

2x

2x

2x

4x

4x

2x

2x

4x

4x

3x

2x

1x

2x

2x

3x

3x

1x

2x

1x

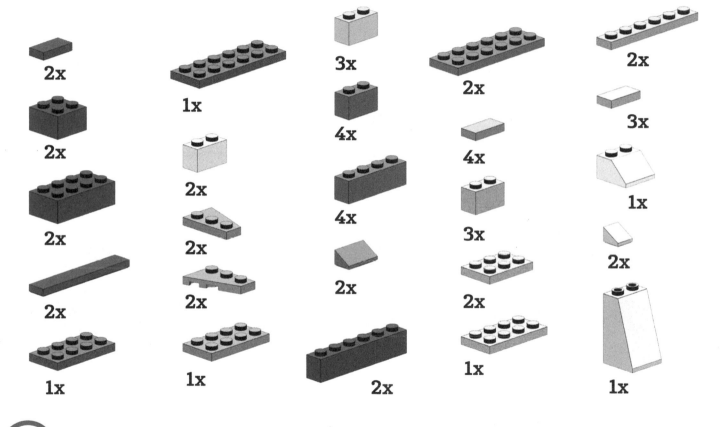

1x   2x

1x   2x

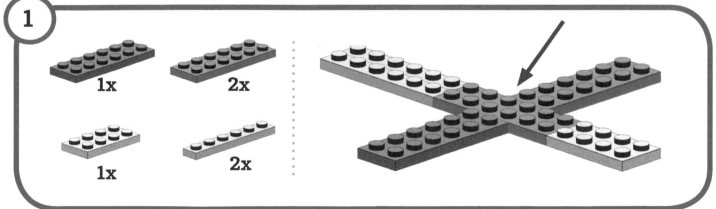

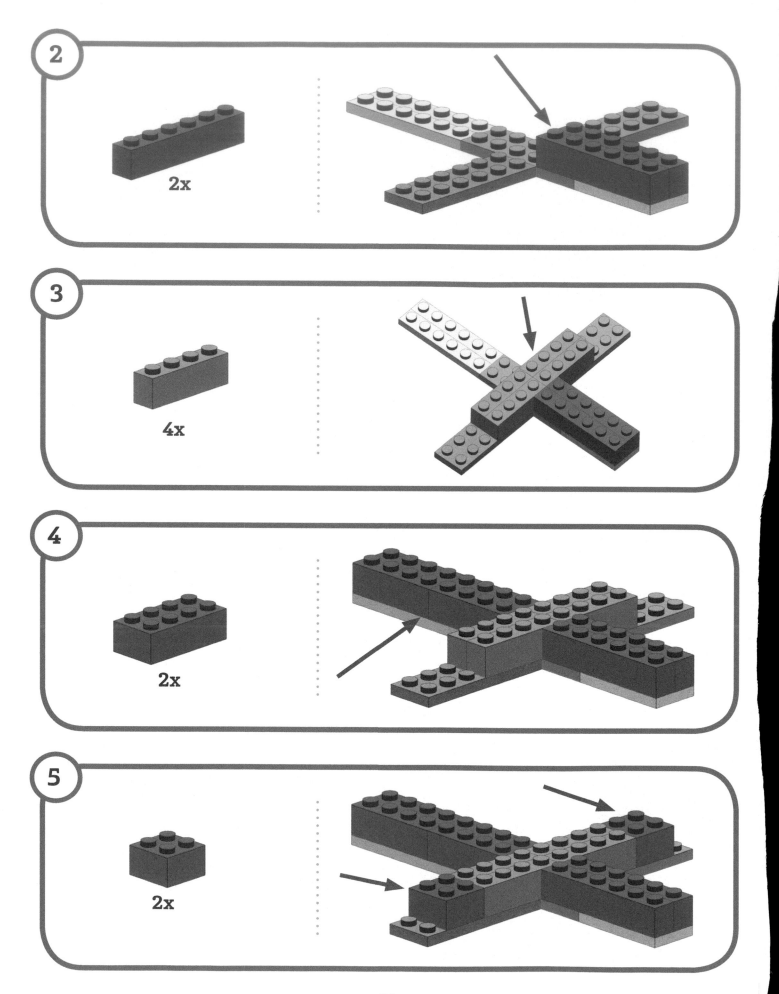

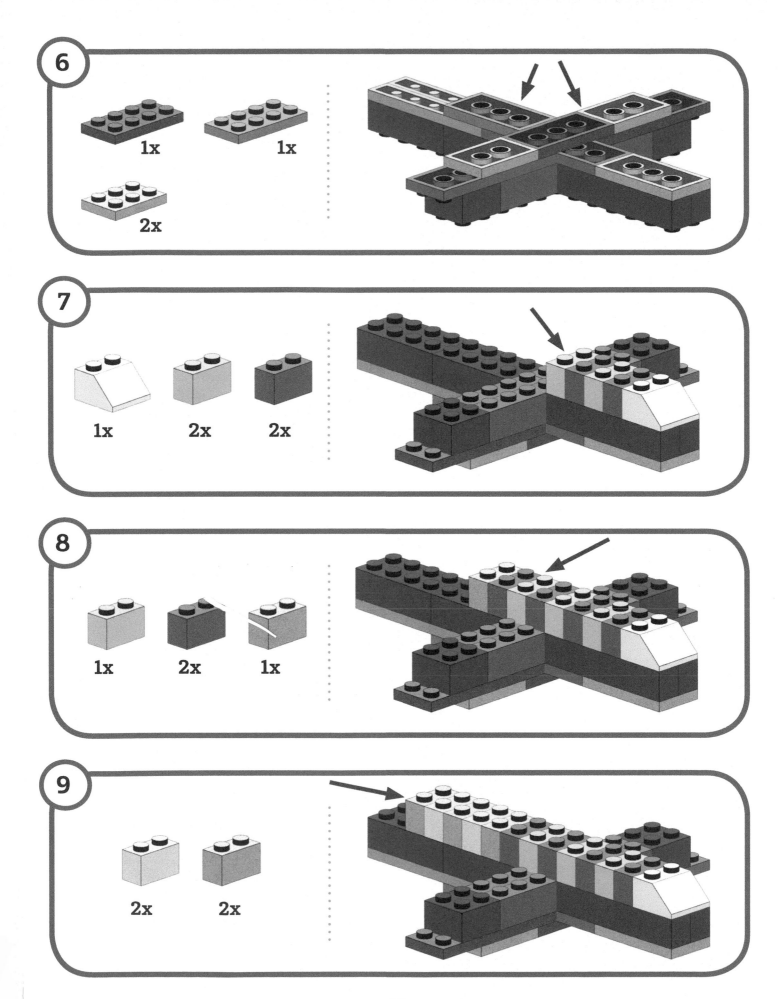

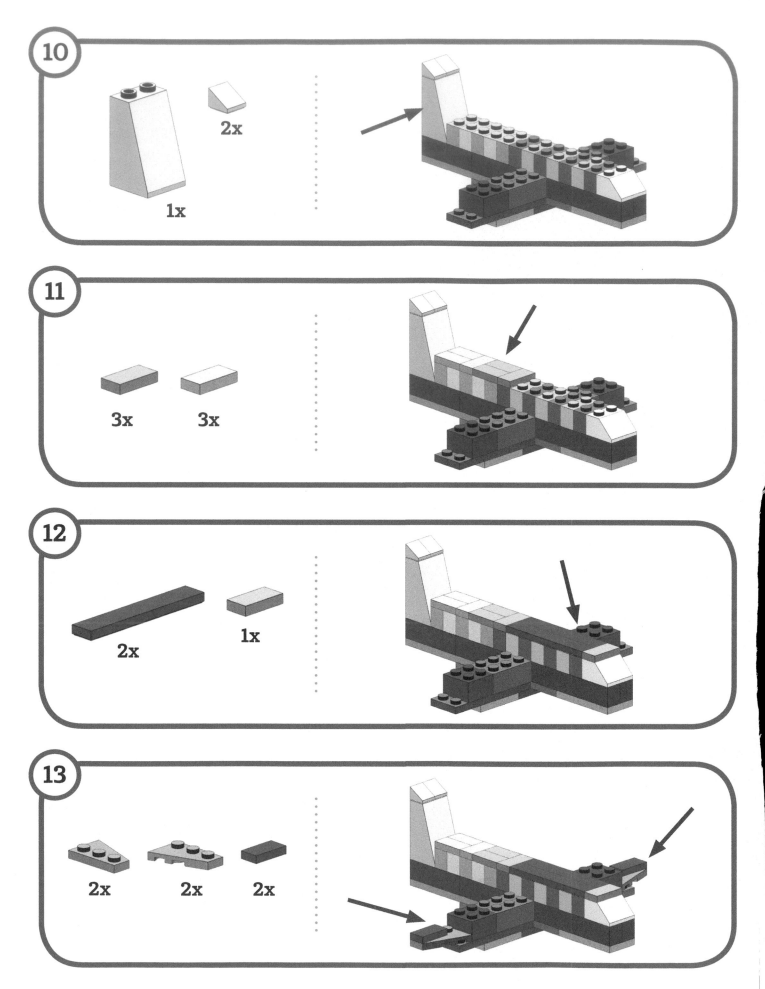

14

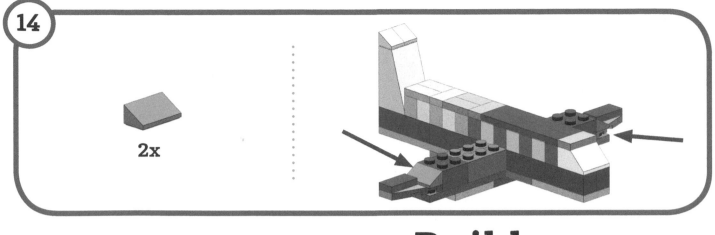

2x

Build a
Helicopter

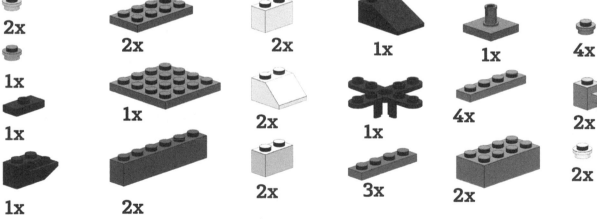

2x

1x

2x

1x

2x

1x

2x

1x

1x

2x

2x

1x

4x

2x

1x

3x

2x

4x

1x

4x

2x

2x

1

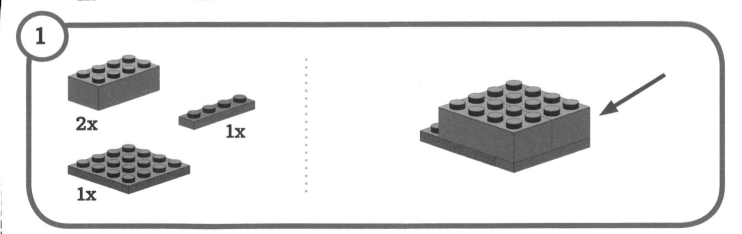

2x

1x

1x

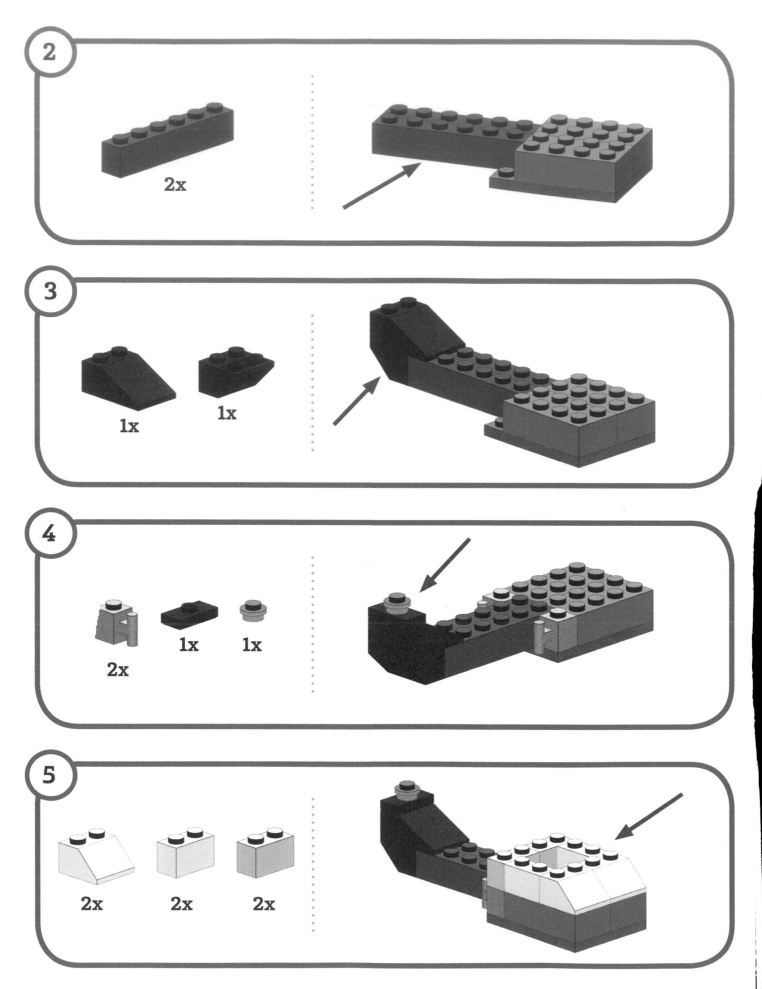

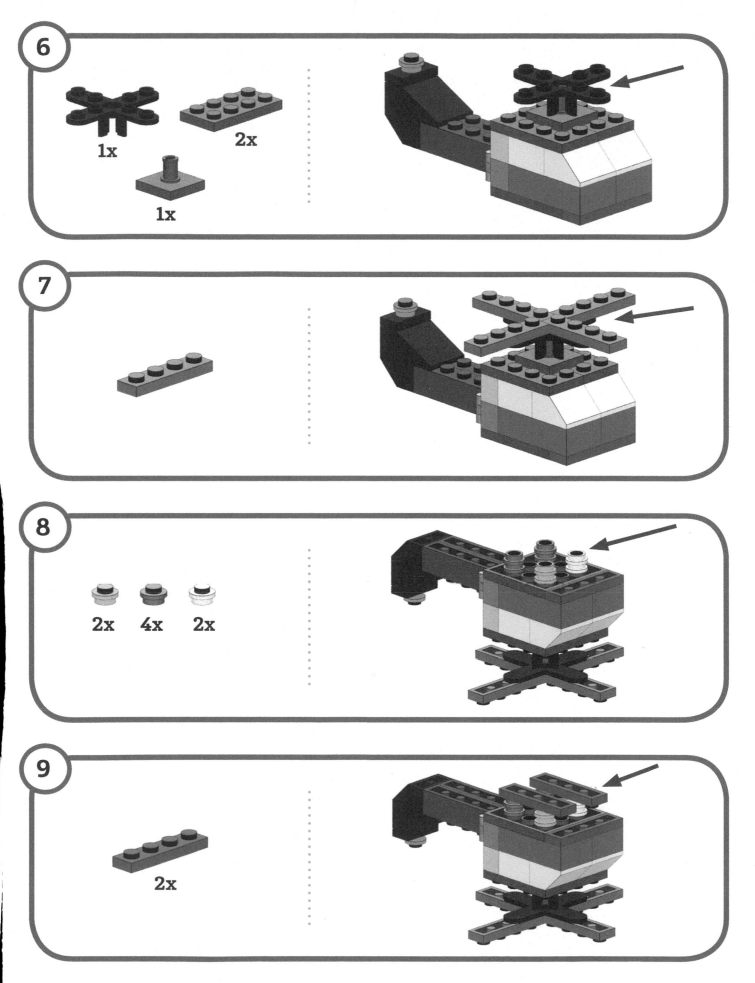

6

1x 2x

1x

7

8

2x 4x 2x

9

2x

Build a Yellow Car

4x

1x

2x

2x

2x

4x

2x

3x

2x

1x

1x

1x

4x

2x

2x

2x

1x

1x

2x

3x

2x

1

2x   1x

1x   2x   2x

2

2x

1x

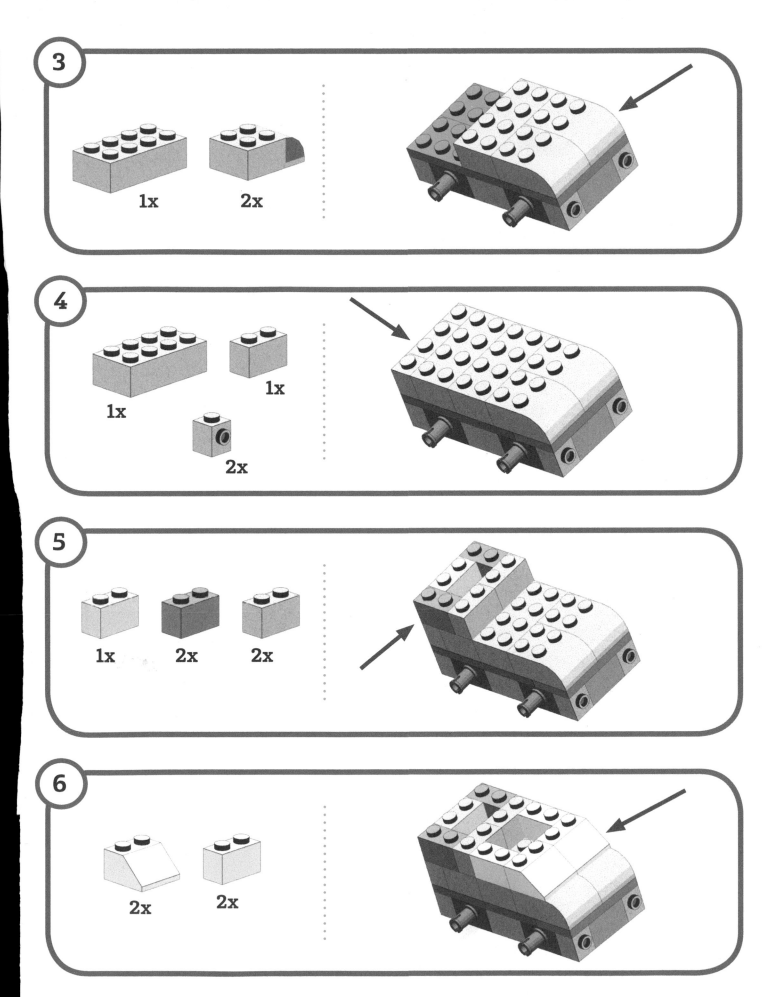

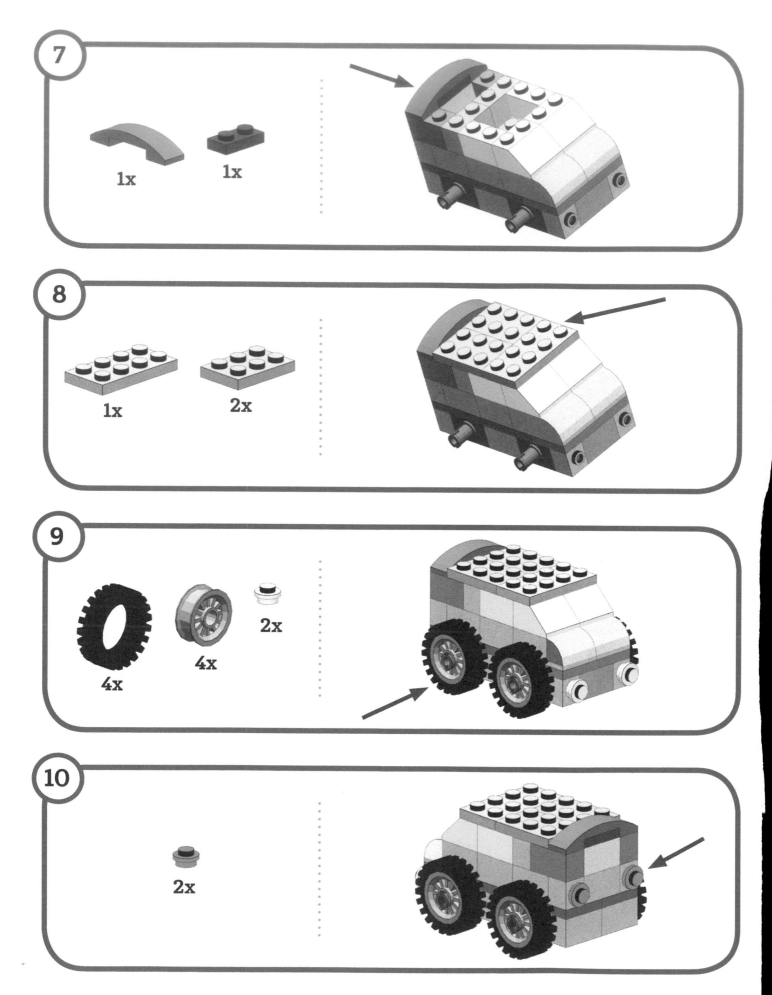

7 1x 1x

8 1x 2x

9 4x 4x 2x

10 2x

© 2016 by Jennifer Kemmeter

Library of Congress Control Number: 2016946780
International Standard Book Number: 978-1-943328-81-9 |
978-1-513260-39-6 (e-book) | 978-1-513260-43-3 (hardbound)
Designer: Vicki Knapton

Graphic Arts Books
An imprint of

GRAPHIC ARTS
BOOKS®

P.O. Box 56118
Portland, OR 97238-6118
(503) 254-5591
www.graphicartsbooks.com

The following artists hold copyright to their images as indicated: Prehistoric Land
on front cover, pages 6-7: In-Finity/Shutterstock.com; Busy Bay on front cover, pages 36-37:
KID-A/Shutterstock.com; Desert Scene on pages 1, 54-55: GraphicsRF/Shutterstock.com;
Seaside Cityscape on pages 70-71, back cover.

The author thanks the LDraw community for the parts database it makes
available, which is used for making instructions found in the book.
For more information on LDraw, please visit ldraw.org.

CPSIA information can be obtained
at www.ICGtesting.com
Printed in the USA
BVOW05*2024121117
500227BV00011B/37/P